テニス体幹ストレッチ

強いショットが打てる体にシフト!!

テニスプロコーチ&トレーナー
井上正之 著

Introduction

テニスの動きに必要な体の柔軟性を身につけて効率よくうまくなる!!

バランスのいい動きでプレーの幅が広がる

テニスは非常に動きの激しいスポーツです。前後左右に移動するのはもちろん、ときに上下の動きも要求されます。ボールを打つ感覚も大切ですが、それ以上にテニスを上達するために必要なのが、バランス能力です。

バランスを崩さずに素早く移動した後、正しいフォームで打つためには、体を柔らかく使う必要があります。

そこで、大切になるのが、日ごろから体の柔軟性を高めておくことです。それは、単純に可動域を広くするという意味ではありません。

テニスのプレーに必要とされる柔軟性を身につけて、体をスムーズに動かせる状態にしておくことでプレーの幅が大きく広がるのです。

練習や試合の前の準備がパフォーマンスを高める

アマチュアプレーヤーの多くは、コートに入るとすぐにボールを打つことでしょう。テニスコートに着いたら、すぐにボールを打ちたくなる気持ちも分かりますが、まずは体を正しく動かせる状

態にしてからボールを打つことが大切です。

体の準備ができていなければ、いいパフォーマンスを発揮することができません。体が動きに慣れてきたところで、帰る時間になってしまったのではもったいないのではないでしょうか。

ボールを打つ前に少しウォーミングアップをしておくことで、最初からキレのある動きでプレーできるようになります。

体の準備ができてこそ、最初から高いレベルの練習ができるので、そのぶん技術の習得も早まります。

効率のいい正しい体の使い方がケガ予防にもつながる

柔らかい動きを身につけることは、ケガの予防にもつながります。体を柔らかく使うことで、体にかかる負荷を分散することができます。

例えば、ボールを打ち返すときに、ラケットがボールから受ける衝撃は非常に大きなものです。腕の力だけでスイングした場合、この衝撃をすべて手首で受け止めなければなりません。これを続けていれば、どんなに手首の強い人でもいずれはケガをすることでしょう。

一方、重心移動を正しく行ない、下半身や体幹を使って柔軟性を生かしたスイングをすれば、ボールから受ける衝撃を体全体で受け止められるようになり、スイングスピードも速くなります。

柔軟性を高めることによって、ケガのリスクを低くできると同時に、打球の安定感も増し、それほど力を使わなくても速いボールが打てるようになるのです。どんな状況でも、バランスを崩さずに、効率のいいフォームで打てるようになるためにも、日ごろからストレッチに取り組むことは非常に大切です。

CONTENTS

テニス体幹ストレッチ 強いショットが打てる体にシフト!!

Introduction
テニスの動きに必要な
体の柔軟性を身につけて
効率よくうまくなる!! ……………………… 2

本書の見方 ……………………………………… 8

PART1
効率よくうまくなるために!
テニスにプレーヤーに必要な柔軟性を身につける ………… 9

柔らかい動きを身につけて効率よくパワーを発揮する …………… 10
体をムチのように使って大きなパワーを発揮する ………………… 12
2種類のストレッチを目的に合わせて使い分ける ………………… 14
❶ウオーミングアップ ………………………………………………… 16
❷硬い部位や動きの悪い部位の柔軟性の向上 ……………………… 17
❸クーリングダウン …………………………………………………… 18
❹ケガをした後の機能回復や再発防止 ……………………………… 18

PART2
試合のパフォーマンスをアップ!
ウオーミングアップでやっておきたいダイナミックストレッチ ………… 19

筋肉に適度な緊張を残しつつテニスに必要な柔軟性を得る ……… 20
① 上肢のストレッチ① ………………………………………………… 22
② 上肢のストレッチ② ………………………………………………… 22
③ 上肢のストレッチ③ ………………………………………………… 23
④ 上肢のストレッチ④ ………………………………………………… 23
⑤ 上肢のストレッチ⑤ ………………………………………………… 24
⑥ 肩関節のストレッチ① ……………………………………………… 24
⑦ 肩関節のストレッチ② ……………………………………………… 25
⑧ 体幹のストレッチ① ………………………………………………… 25
⑨ 体幹のストレッチ② ………………………………………………… 26
⑩ スローイン …………………………………………………………… 26
⑪ 腰割りスクワット …………………………………………………… 27

- ⑫ ランジウォーク ……………………………………………… 27
- ⑬ バックランジステップ ………………………………………… 28
- ⑭ 脚の左右スイング ……………………………………………… 28
- ⑮ サイドランジステップ ………………………………………… 29
- ⑯ サイドランジ …………………………………………………… 29
- ⑰ 股関節の複合ストレッチ ……………………………………… 30
- ⑱ サイドランジツイスト ………………………………………… 30
- ⑲ 伸び上がりスクワット ………………………………………… 31
- ⑳ 伸び上がりランジウォーク …………………………………… 31
- ㉑ 上体スイングランジウォーク ………………………………… 32

PART3
日ごろからやっておきたい
ストロークの精度を高め
力強いボールを打つためのストレッチ …………… 33

柔軟性を高めて正確で力強いストロークを身につけよう ………… 34

動作に必要とされる柔軟性① フォアハンドストローク …………… 36
動作に必要とされる柔軟性② バックハンドストローク …………… 38

- ① 胸のストレッチ ………………………………………………… 40
- ② 体側のストレッチ ……………………………………………… 42
- ③ 体幹のツイスト ………………………………………………… 43
- ④ 斜め方向のツイスト …………………………………………… 44
- ⑤ 腰割り …………………………………………………………… 45
- ⑥ 腸腰筋のストレッチ …………………………………………… 46
- ⑦ 太もも前部のストレッチ ……………………………………… 48
- ⑧ 太もも内側のストレッチ ……………………………………… 49

●目的別ストレッチメニュー❶ 腕力に頼らない重心移動を使ったストロークを実現する ………… 50
●目的別ストレッチメニュー❷ 下半身にタメをつくるためのバランスと柔軟性を身につける ……… 50

PART4
日ごろからやっておきたい
サーブとスマッシュを
パワーアップするためのストレッチ ……………… 51

腕をムチのように使ってボールにパワーを伝える ………………… 52

動作に必要とされる柔軟性① フラットサーブ／スピンサーブ …… 54
動作に必要とされる柔軟性② スマッシュ ………………………… 58

CONTENTS

① 胸と背中のストレッチ ……………………………………… 60
② 肩甲骨の上下ストレッチ …………………………………… 62
③ 肩のインナーストレッチ …………………………………… 63
④ 肩と腕のストレッチ ………………………………………… 64
⑤ 胸と背中のストレッチ ……………………………………… 65
⑥ 上腕三頭筋のストレッチ …………………………………… 66
⑦ 上腕部(拮抗筋)のストレッチ ……………………………… 67
⑧ クロス方向のストレッチ …………………………………… 68
⑨ 前腕部内側のストレッチ …………………………………… 70
⑩ 手首の左右のストレッチ …………………………………… 71
● 目的別ストレッチメニュー❶ 腕をムチのようにしならせたスイングを手に入れる …… 72
● 目的別ストレッチメニュー❷ 体のブレをなくしてスムーズに腕が振れるようになる …… 72

PART5
日ごろからやっておきたい
素早いフットワークから
バランスを崩さずに打つためのストレッチ …… 73

下半身を柔らかく使ったフットワークを身につけよう …………… 74
動作に必要とされる柔軟性❶ フォアサイドのフットワーク ………… 76
動作に必要とされる柔軟性❷ バックサイドのフットワーク ………… 78
動作に必要とされる柔軟性❸ 前後のフットワーク …………………… 82
動作に必要とされる柔軟性❹ ローボレー ……………………………… 84

① 股関節のストレッチ ………………………………………… 86
② お尻のストレッチ …………………………………………… 87
③ 股関節内側のストレッチ …………………………………… 88
④ 下半身後部のストレッチ …………………………………… 89
⑤ ふくらはぎのストレッチ …………………………………… 90
⑥ すねのストレッチ …………………………………………… 91
⑦ 腰割り ………………………………………………………… 92
⑧ 腸腰筋のストレッチ ………………………………………… 92
⑨ 太もも内側のストレッチ …………………………………… 92
⑩ 太もも前部のストレッチ …………………………………… 93
⑪ クロス方向のストレッチ …………………………………… 93
● 目的別ストレッチメニュー❶ 股関節の柔軟性を高めてフットワークをスムーズにする …… 94
● 目的別ストレッチメニュー❷ フットワークで重心がブレないようになる …… 94

PART6
疲れを明日に残さない!
試合や練習の後に疲労を回復するためのストレッチ …… 95

疲労した部位を中心に全身まんべんなく伸ばしておく …… 96
- ① 肩甲骨のストレッチ …… 97
- ② 肩甲骨のストレッチ …… 97
- ③ 体幹と股関節のストレッチ …… 98
- ④ 体幹と肩甲骨のストレッチ …… 99
- ⑤ 背部・腰部の後方伸展 …… 99
- ⑥ 体幹と股関節の動的ストレッチ …… 100
- ⑦ 腰背部のストレッチ …… 101
- ⑧ 股関節のストレッチ …… 101
- ⑨ 腸腰筋のストレッチ …… 102
- ⑩ 股関節の開脚ストレッチ …… 102
- ⑪ 腰割り …… 103
- ⑫ 股関節のストレッチ …… 103
- ⑬ 股関節のストレッチ …… 104
- ⑭ お尻と腰のストレッチ …… 104
- ⑮ お尻のストレッチ …… 105
- ⑯ 太もも内側のストレッチ …… 105
- ⑰ 太もも前部のストレッチ …… 105
- ⑱ ふくらはぎのストレッチ …… 106
- ⑲ ふくらはぎと足底のタオルストレッチ …… 106
- ⑳ 前腕部内側のストレッチ …… 107
- ㉑ 前腕部外側のストレッチ …… 107
- ㉒ 腕と肩甲骨のストレッチ …… 108
- ㉓ 首側部のストレッチ …… 108
- ㉔ 首後部のストレッチ …… 108

PART7
早期復帰と再発防止を狙う
ケガからの復帰とパフォーマンスアップを両立するストレッチ …… 109

ケガの症状が回復したら、まず機能回復、次に弱点の克服 …… 110

CONTENTS

手首やひじの機能回復ストレッチ ……… 111
①手首の背屈伸 ②手首の掌屈 ③母指の背屈・掌屈 ④手首をつかったグーパー ⑤手首の尺屈・橈屈
⑥ひじの回内外

肩や背中上部の機能回復ストレッチ ……… 114
①腕の回旋 ②バスタオルを使った腕の回旋 ③肩甲骨の上下のストレッチ ④肩甲骨の左右のストレッチ

体幹や腰背部の機能回復ストレッチ ……… 117
①ヒップリフト ②クロスウェイアップ ③わき腹と太もも外側のストレッチ ④わき腹と背中側部のストレッチ

股関節まわりの機能回復ストレッチ ……… 120
①下腹深部のストレッチ ②お尻と太もも内側のストレッチ ③お尻側部のストレッチ
④下半身の複合ストレッチ① ⑤下半身の複合ストレッチ②

脚部の機能回復ストレッチ ……… 123
①太もも前部のストレッチ ②太ももまわりのストレッチ ③ふくらはぎのストレッチ ④すねまわりのストレッチ

著者プロフィール／おわりに ……… 126

本書の見方

①基本技術の解説ページ

本章のストレッチで効果が得られるプレーや身につく能力などを紹介

②技術紹介ページ

本章で対象となるプレーの動作と柔軟性が求められる部位を紹介

本書では、テニスで必要とされるさまざまなストレッチを紹介しています。PART3からPART5までは、ストローク、サーブ＆スマッシュ、フットワークのパフォーマンス向上に役立つストレッチを解説しています。まず、目標とする動きのポイントを正しく理解し、その動作に使われる筋肉や体の使い方をイメージしながらストレッチをすることが大切です。

③ストレッチ解説ページ

技術向上に効果が得られるストレッチを紹介。やり方や注意点を解説

PART 1

効率よくうまくなるために!
テニスプレーヤーに必要な柔軟性を身につける

PART1 テニスプレーヤーに必要な柔軟性を身につける

柔らかい動きを身につけて効率よくパワーを発揮する

体をスムーズに動かすための柔軟性を身につけることで、力みのない柔らかい動きから大きなパワーを発揮するスイングができるようになる。

常に正しいフォームで打つのがテニスの理想

テニスの初心者は、まず「素振り」の練習をして、正しいフォームを身につけます。テニスのスイングに慣れてきたところで、コーチの球出しでボールを打ち始めます。何球か打っていれば、すぐに相手のコートに打ち返せるようになることでしょう。

しかし、ラリーを始めるようになると、なかなか思い通りには打ち返せなくなってきます。コーチは打ちやすいところに球出しをしてくれますが、ラリーでは違います。常に相手の打ったコースに移動しなければなりません。

上達するにつれて、相手が打つボールは速くなり、厳しいコースに打たれるようになります。それを正しく打ち返すためには、移動を開始すると同時に、上体は素早くスイングの準備をする必要があります。

ラケットの面にボールを当てるだけでなく、自分の思ったコースに打ち込むためには、最初に練習した素振りと同じ正しいフォームで打ち返すことが大切です。

重心移動と動きの連動性で打つから、打球が安定しパワーがアップする

腕の力だけで打ち返そうとすると、ボールの勢いに負けてしまったり、タイミングが合わずに、なかなか打球をコントロールできません。たとえ、筋力をつけたところで、それは変わりません。

ボールをコントロールするために大切なのが「重心移動」と「動きの連動性」です。移動して軸足をセットしたときに、軸足に体重をしっかり乗せて、打ち出し

① 軸足に乗る
切り返し動作

② 重心移動
タメを作る

③ 上肢へのパワー伝達
キレのある動き

方向に重心移動をして動きに連動性を持たせながらボールを打つことで、方向性は安定します。この重心移動を伴った「切り返し動作」がうまくできないと、バランスを崩して正しいフォームで打てなくなってしまうのです。

連動性の高いスムーズな動きが爆発的なパワーを生む

切り返し動作で大切になるのが、体の使い方です。トッププロのプレーを見ていると、移動からスイングまでが流れるような一連の動きをしています。

それは、ゴツゴツとした動きでなく、非常に「柔らかい動き」に見えます。このスムーズな体の使い方こそが「動きの連動性」であり、テニスに必要とされる柔軟性です。

柔らかい動きができる選手だからといって、ほかの人に比べて特別に柔軟性が高いという訳ではありません。柔軟性のバランスが取れているからこそ、体をうまくコントロールできるのです。

体を柔らかく使えるようになると、小さな力でも、ボールに大きなパワーを伝えることができます。一見、リラックスした動作に見えても、そこから放たれるボールを見れば、そのパワーの大きさが分かることでしょう。

テニスに必要な柔軟性を身につければ「キレ」のあるプレーを実現できる

軸足に体重を乗せたときに、地面から得た力を利用して、運動の方向を切り返して打ち出し方向に重心移動をします。その動作を切り返すときに、体幹や上体に「タメ」ができます。

この「タメ」を生かしたスイングをすることで、爆発的なパワーを発揮することができるのです。これは別の言葉で「動きのキレ」と言い換えることができます。

動きのキレを出すためには、体がその動作を滞りなくスムーズに行なえなければいけません。そのためには、日ごろからテニスに必要な柔軟性を高めておく必要があるのです。

PART1 テニスプレーヤーに必要な柔軟性を身につける

体をムチのように使って大きなパワーを発揮する

体を柔らかく使ってタイミングよくタメを解放することで、それほど力を使わずに大きなパワーを発揮できます。このとき、体をスムーズに使うために必要になるのが柔軟性です。

回転の中心にあるタメを加速させながら外側に放つ

テニスのスイングは回転動作です。下半身で地面を踏み込むことで得た力を、体幹→腕→ラケット→ボールの順に、徐々に加速させながら伝えることで、大きなパワーを発揮します。これが「動きの連動性」です。

これは、ストロークでもサーブやスマッシュでも同じです。腕の振りはストロークでは横回転、サーブやスマッシュで

フォアハンドストローク

軸足に乗る／重心移動を開始

タメの解放
❶股関節 → 解放
❷体幹 → 解放
❸胸 → 解放
❹腕
❺手首

は縦回転になりますが、力の伝達経路に違いはありません。

打ち出し方向への重心移動を開始した後、❶股関節→❷体幹→❸胸→❹腕→❺手首の順に加速させながらタメを解放していきます。体をムチのように使うことで、ラケットのヘッドスピードが上がり、ボールに大きなパワーを伝えることができます。

柔軟性や筋力が低いとケガのリスクが高くなる

バランスの取れた正しい姿勢で、タイミングよく動作を連動させていくことで、最小限の力で大きなパワーを発揮することができます。

ラケットの軌道は、体の回転運動の外側にあるため、各部の関節がスムーズに動かないと、力の伝達がうまくいかなくなります。また、回転運動のスピードが速いほど、柔軟性の低さや筋力の弱さがケガをするリスクを高めることになります。

正しい体の使い方を理解すると同時に、動作に必要な柔軟性を高め、必要に応じてトレーニングなどもしておくことが大切です。

インパクト　フォロースルー　フィニッシュ

解放

解放

PART1　テニスプレーヤーに必要な柔軟性を身につける

2種類のストレッチを目的に合わせて使い分ける

スタティックストレッチとダイナミックストレッチでは、得られる効果がそれぞれ異なる。それぞれの特徴を理解して、目的や状況に合わせて使い分けることが大切だ。

スタティックストレッチ
（静的ストレッチ）

ダイナミックストレッチ
（動的ストレッチ）

体をリラックスさせ、一定の姿勢を維持して筋肉を引き伸ばしていくのがスタティックストレッチ

体を動かしながら、動きの中で可動域を広げていくのがダイナミックストレッチ

2種類のストレッチの特徴を理解して正しく使い分ける

　テニスに必要とされる柔軟性を高めるためには、ストレッチが効果的です。ストレッチと聞いて多くの人がイメージするのは、一定の姿勢で筋肉をじわじわと伸ばしていく「静的ストレッチ（スタティックストレッチ）」かと思います。

　しかし、それ以外にも体を動かしながら筋肉の柔軟性を高める「動的ストレッチ（ダイナミックストレッチ）」があります。代表的なものとしては、サッカー選手がよく行なっているブラジル体操なども、ダイナミックストレッチに含まれます。

　これら2種類のストレッチでは、得られる効果も異なります。何を目的にスト

2種類のストレッチの特徴

スタティックストレッチ
- 一定の姿勢を維持して、じわじわと筋肉を伸ばす。リラックス効果がある
- ターゲットとする部位の筋肉を集中してじっくり伸展することができる
- 広いスペースを使わないため、自分のやりたいタイミングで行なうことができる

ダイナミックストレッチ
- 体を動かしながら行なうため、血流が促されて心拍数や筋肉の温度が上がる
- 反動をつけて行なうため、関節の可動域ギリギリのところまで体を動かせる
- いろいろな方向に動かすことで、目的とした動きに関連する筋肉を総合的に伸ばせる

ストレッチで得られる効果

スタティックストレッチ
- 継続的に行なうことで、筋肉の柔軟性が高まり、関節可動域が広がる
- 運動後に行なうことで、筋肉内にたまった疲労物質を取り除く効果がある

ダイナミックストレッチ
- 対象となる動作がスムーズに行なえるようになる
- 運動前に行なうことで、ケガを予防する効果がある

レッチを行なうかによって、これら2種類のストレッチを使い分けることが大切です。

本書では、①試合や練習の前のウオーミングアップ、②硬い部位や動きの悪い部位の柔軟性の向上、③試合や練習の後のクーリングダウン、④ケガをした後の機能回復や再発防止、の4つの状況で、それぞれに適したストレッチを紹介しています。

自分がどんな状況で、何を目的としたストレッチを行なうのかを考えて、最も適した種目を選択することが大切です。

まず最初に、2種類のストレッチの特徴を把握して、各状況でのストレッチを行なう目的やその効果を理解しておきましょう。

PART1 テニスプレーヤーに必要な柔軟性を身につける

❶ウオーミングアップ

練習や試合の開始直後から高いパフォーマンスを発揮するための準備

　練習や試合の前に行なうウオーミングアップにはダイナミックストレッチが適しています。また、運動の合間に、筋肉が凝り固まって動きが悪いと感じたときなどにもダイナミックストレッチが有効です。

　体を動かしながら行なうため、血行が促進されて心拍数や筋肉の温度（筋温）を高められるため、まさに準備運動としては最適です。

　また、運動前に適度に体を動かすことで、交感神経が優位になるため、集中力も高まります。

　競技の中で必要とされる動きに近いダイナミックストレッチを行なうことで、体がスムーズに動くようになるため、パフォーマンスアップや競技中のケガの予防にもつながります。

　特に、肩や股関節などの可動域が広い関節に関しては、関節まわりに細かい筋肉や腱が集中しているため、一方向のストレッチでは、すべての筋肉の動きをカバーできません。実際のプレーに近い動きの中でまんべんなく筋肉を活性化させておくのが理想的です。

　体幹や下半身の大きな筋肉に関しても、柔軟性を高め過ぎてしまうと

大きなパワーを発揮できなくなってしまいます。筋肉の適度な緊張を維持しながら、ほかの部位の動きと連動した大きな動きの中でストレッチしておくといいでしょう。

　ウオーミングアップには、スタティックストレッチはあまり適していないと言えます。筋肉を伸ばし過ぎて適度な緊張がなくなってしまうと、パワーが発揮できなくなるからです。

　運動前に可動域を広げ過ぎてしまうと、反動をつけた大きな力が加わったときにケガをするリスクが高くなります。

❷硬い部位や動きの悪い部位の柔軟性の向上

パフォーマンス低下を引き起こしている筋肉の柔軟性を高めて弱点を克服する

筋肉の柔軟性に偏りがあったり、明らかに動きの悪い部位があると、フォームが乱れたり、バランスを崩しやすくなります。バランスを崩しやすい動作や苦手とする動きは人それぞれ異なります。また、その原因もさまざまです。必要に応じて、ダイナミックストレッチとスタティックストレッチを使い分けるようにしましょう。

柔軟性が高いほどいいという訳ではありませんが、特定の部位の筋肉が硬いことが、プレーに悪影響を及ぼしているようであれば、日ごろからスタティックストレッチを通じて柔軟性を高めておく必要があります。

また、左右の筋力差によって柔軟性に偏りがあると、バランスを崩しやすくなります。筋力に左右差がある場合は、ストレッチと合わせてその差をなくすためのトレーニングをやっておきましょう。

スムーズな動きができないことでプレーの精度が落ちている場合は、実際のプレーに近い動きのダイナミックストレッチを行なって、柔らかく体を動かせるようにしておきましょう。

本書では、体の使い方をストローク、サーブ、フットワークの3つに分類して、それぞれのプレーに効果的なストレッチを紹介しています。日ごろからバランスのいい体づくりをしておくことで、弱点を克服しましょう。

●ストローク　●サーブ　●フットワーク

❸ クーリングダウン

急に運動を停止せずに、軽く体を動かして明日に疲れを残さないことが大切

　試合や練習の後のクーリングダウンは非常に大切です。クーリングダウンの目的は、疲労を蓄積させないことと、気持ちや体の高ぶりを徐々に平常に戻すことです。

　激しい運動をした後に、急に運動を停止してしまうと、血流が滞って疲労物質が筋肉内に残ってしまいます。これが疲労の原因です。

　クーリングダウンで、軽く血流を促すことで、疲労物質を筋肉内から取り除くことができます。軽いジョギングなどの運動で、血流を促してから、ストレッチを行なうようにするといいでしょう。

　クーリングダウンでは、筋肉の緊張を緩めることを目的としています。精神をリラックスさせる効果もあるスタティックストレッチを行なうといいでしょう。ゆっくりと時間をかけて、無理のない範囲で筋肉をほぐしていきましょう。

❹ ケガをした後の機能回復や再発防止

競技に復帰する前に、故障部位の機能を回復すると同時にケガの原因を取り除く

　ケガの回復のために安静にしていると、筋肉の柔軟性が失われてしまうことがあります。ケガが治ったら、しっかりと柔軟性を取り戻してから競技復帰することが大切です。

　また、ケガの再発を防止するためには、まずケガの原因を認識する必要があります。実際に傷めた部位とは異なるところに原因があることも少なくありません。柔軟性の欠如や筋力不足から、どこかに負荷が集中してケガを引き起こすケースも多く見られます。ケガ予防のストレッチやトレーニングをやっておきましょう。

　ストレッチやトレーニングを開始する時期や競技復帰のタイミングは、必ず医師の相談の下で行なうようにしましょう。

PART 2

試合のパフォーマンスをアップ！
ウオーミングアップでやっておきたい
ダイナミックストレッチ

PART2　ウオーミングアップでやっておきたいダイナミックストレッチ

筋肉に適度な緊張を残しつつ
テニスに必要な柔軟性を得る

ウオーミングアップの目的は、これから行なう試合や練習でのパフォーマンスを高めること。
筋肉を緩めるのではなく、動きをスムーズにすることを優先に考えよう。

　テニスに限らず、多くのスポーツにおいて「柔らかい動き」という言葉をよく耳にします。もし、筋肉をゴムに例えるのであれば、伸び切ったゴムからは大きなパワーは生まれません。

　試合や練習の前に行なうストレッチでは、筋肉に適度な緊張を残しながら、プレーに必要な柔軟性を高めていくことを考えた方が得策です。

　ストレッチと聞くと、筋肉を伸ばすイメージを抱きがちです。しかし、ウオーミングアップでのストレッチは、動きをスムーズにすることが目的です。体をリラックスさせて筋肉をじわじわ伸ばす「スタティックストレッチ」ではなく、体を動かしながら行なう「ダイナミックストレッチ」を通じて、テニスにかかわる動作に必要なだけの柔軟性を確保しましょう。

　試合の前にダイナミックストレッチに取り組んで、体がスムーズに動くような状態にしておけば、試合序盤から高いパフォーマンスを発揮できるようになります。

　たとえ、試合ではなく練習前でも同じことがいえます。コンディションのいい状態で練習に臨むことで、より質の高い練習ができるようになるため、効率よく技術が習得でき、上達も早まります。

ウオーミングアップで得られる成果

❶ 試合序盤から高いパフォーマンスを発揮できるようになる
❷ いいコンディションで練習に臨むことで技術習得や上達が早まり、ワンランク上のプレーができるようになる
❸ 試合や練習で疲れにくくなる
❹ ケガをしにくくなる

ダイナミックストレッチの効果❶
1 体が硬いことで起こるフォームやバランスの乱れをなくすことでプレーの精度が高まる

ウォーミングアップが不十分だと、柔軟性が低いままプレーをすることになるため、体が温まっていい動きができるようになるまで、時間がかかります。

テニスでは、下半身の重心移動から得た大きなパワーをロスせずに、タイミングよく体を使ってボールに伝えることが大切です。フォームやバランスが崩れていると、ボールへのパワーの伝達がスムーズにいかなくなったり、重心移動を使ったスイングができなくなります。その結果、スイングのタメができずに打球のコントロールが不安定になります。

それを何とかしようとすると、腕力に頼ったスイングになることが多く、体のどこかに大きな負荷がかかってしまってケガのリスクが高まります。

●タメをつくって重心移動で打つ

ストローク

NG タメをつくれない例

軸足に乗れずに体が流れたり、重心移動で上体が突っ込むとタメができない

サーブ

NG タメをつくれない例

体幹や下半身の柔軟性が低いと動作にタメをつくれない

ダイナミックストレッチの効果❷
2 筋肉の緩め過ぎで起こるパワーロスをなくせばプレーに「キレ」が出る

筋肉が緩み過ぎるのも問題です。筋肉に適度な緊張がないと、タメをつくろうとしたときに力が逃げてしまうため、動作の切り返しで勢いが生まれません。つまり、「キレ」のない動きになってしまうのです。

ここで、何とかタメをつくろうとすると、動作を切り返すときに大きな筋力が必要になります。これが、スイングの「力み」や疲労を早める原因となってしまうのです。

最小限の力で大きなパワーを発揮するためには、筋肉に適度な緊張を残しておくことも大切です。

NG タメがほどける

筋肉が緩み過ぎるとタメができずに力が逃げてしまう

PART2　ウオーミングアップでやっておきたいダイナミックストレッチ

① 上肢のストレッチ①

運動の目安
ベースライン〜ネットまで

ベースラインからネットまで歩きながら行なうストレッチです。足の着地のタイミングに合わせて両腕を斜め上に振り上げ、胸や肩甲骨の動きをよくしておきましょう。

② 上肢のストレッチ②

運動の目安
ベースライン〜ネットまで
※ 左右交互に行なう

ベースラインからネットまで歩きながら、足の着地のタイミングに合わせて、片腕を斜め上方に、もう一方の腕を斜め下方に広げ、胸や肩甲骨のクロス方向の動きをよくしておきましょう。

③ 上肢のストレッチ③

運動の目安
ベースライン〜ネットまで
※ 左右交互に行なう

ベースラインからネットまで歩きながら、足の着地のタイミングに合わせて腕を交互に振り上げ、肩まわりの筋肉と肩甲骨の動きをよくしておきましょう。

④ 上肢のストレッチ④

運動の目安
ベースライン〜ネットまで

ベースラインからネットまで歩きながら、足の着地のタイミングに合わせて、前方に伸ばした両腕を水平に広げ、胸の伸展と肩甲骨の引き寄せ動作を繰り返しましょう。

⑤ 上肢のストレッチ⑤

運動の目安
ベースライン 〜 ネット まで

ベースラインからネットまで歩きながら、足の着地のタイミングに合わせて、両腕を左右に広げます。ひじを90度に曲げて体の正面で前腕を合わせるように行ないましょう。ひじを伸ばして行なうより、肩甲骨の左右の動きが大きくなります。

⑥ 肩関節のストレッチ①

運動の目安
ベースライン 〜 ネット まで
※ 左右交互に行なう

ひじを90度に曲げて上腕を水平に保ち、着地のタイミングに合わせて、片手が上、もう一方の手が下になるように上腕をひねります。肩関節の動きをよくするためのストレッチです。

⑦ 肩関節のストレッチ②

ひじを伸ばして上腕を水平に保ち、着地のタイミングに合わせて、左右対称になるように腕をひねります。肩関節の動きをよくするためのストレッチです。

運動の目安
ベースライン〜ネットまで
※ 左右交互に行なう

⑧ 体幹のストレッチ①

両腕を上げて頭上で手のひらを合わせ、着地のタイミングに合わせて、踏み出した足側に上体を倒します。わき腹、背中、下腹深部のストレッチになります。

運動の目安
ベースライン〜ネットまで
※ 左右交互に行なう

PART2 ウオーミングアップでやっておきたいダイナミックストレッチ

⑨ 体幹のストレッチ②

運動の目安 8〜10回
※ 左右交互に行なう

両腕を上げて頭上で手のひらを合わせて立ち、その場で左右に上体を倒します。わき腹、背中、下腹深部のストレッチになります。

⑩ スローイン

運動の目安 8〜10回

その場でサッカーのスローインの動きを行ないます。体幹部を中心に全身のストレッチとなります。

1 両手を内側に向けて上に伸ばす

2 バランスを崩さないところまで体を後方にのけ反らせる

3 サッカーのスローイン動作のように腕を上に振り上げる

4 両手をできるだけ高くしてつま先立ちになる

⑪ 腰割りスクワット

運動の目安　8～10回

両脚を左右に大きく広げてつま先をできるだけ外側に向けて立った姿勢から、背すじを垂直に保ったまま、ひざをゆっくり曲げて腰を落とし、ゆっくり元の姿勢に戻します。

3秒かけて下がり、2秒キープ、3秒かけて戻るイメージで行ないましょう。

---

⑫ ランジウオーク

ベースライン上に真っすぐ立ったところから、大股で腰を落として歩くように、片脚ずつ前に大きく踏み出して1歩ずつ移動します。反動を使って行なう股関節まわりのストレッチです。

正しいランジ姿勢

上体を垂直にキープしたまま行なう

骨盤を正面に向け、左右に開かないように注意する

ひざの位置がつま先より前に出ないように注意する

1 真っすぐ立った姿勢からスタートする

2 片脚を前に踏み出してランジ姿勢になった後、地面の反動を利用して後方の脚を前に移動し、1の姿勢に戻る

運動の目安　ベースライン～ネットまで

※ 左右交互に行なう

PART2　ウオーミングアップでやっておきたいダイナミックストレッチ

⑬ バックランジステップ

片脚立ちになった後、浮かせた脚を後方に振り下げてランジ姿勢をつくり、着地の反動を利用して、元に戻ります。反動を使って行なう股関節まわりのストレッチです。

1　太ももが水平になるところまでひざを上げて真っすぐに立つ

2　片脚を後方に引いてランジ姿勢を取り、着地の反動を利用して脚を前方に振り上げ1の姿勢に戻る

運動の目安
8〜10回
※左右で行なう

⑭ 脚の左右スイング

片脚を浮かせて、左右に大きくスイングすることで、股関節まわりや太もも内側の筋肉のストレッチになります。軸足側の股関節まわりの筋肉を柔らかく使ってバランスをキープしましょう。

運動の目安
8〜10回
※左右で行なう

真っすぐに立ち、片脚を少し浮かせて体の前に出した姿勢から始める

1　浮かせた脚を横にできるだけ大きく振り上げる

2　体幹を真っすぐに保って、バランスを崩さないように脚をスイングする

⑮ サイドランジステップ

反動をつけて行なう太もも内側と股関節まわりの筋肉のストレッチです。上体が左右に流れないように注意しましょう。

運動の目安 8～10回
※ 左右で行なう

1 両脚をそろえて真っすぐに立った姿勢からスタートする

2 片脚を真横に踏み出して開脚姿勢を取った後、着地の反動を利用して1の姿勢に戻る

⑯ サイドランジ

脚を左右に大きく広げて立ち、片ひざを曲げて左右に重心を移動します。上体を垂直に保ったまま、重心移動の反動を利用してリズムよく行ないましょう。

運動の目安 8～10回
※ 左右交互に行なう

⑰ 股関節の複合ストレッチ

運動の目安 5〜8回
※左右で行なう

片脚を浮かせたところから、①脚を前に振り上げて元の姿勢に戻します。次に、②脚を横に振り上げて元の姿勢に戻します。最後に、頭からつま先までを一直線にしたまま上体を前に倒します。立ち脚の股関節まわりのバランスストレッチです。

⑱ サイドランジツイスト

運動の目安 8〜10回
※左右交互に行なう

体をひねりながら横方向に重心移動をすることで、体幹にタメをつくります。そのタメを使って元の姿勢に戻ることで、体幹と股関節まわりの反動をつけたストレッチになります。

1 真っすぐに立ち、両手を前方に伸ばして手のひらを合わせる

2 脚を横に踏み出しながら指先を踏み出し方向に向けるように上体をひねる

3 着地の勢いでさらに上体をひねり、体幹のタメを使って1の姿勢に戻る

⑲ 伸び上がりスクワット

運動の目安
8~10回

ひざや股関節を曲げたところから、腕の振り上げを使って一気に伸び上がります。反動をつけて行なう、股関節、体幹、肩まわりのストレッチです。

1 肩幅の2倍程度の広いスタンスで、上体を正面に向けたまま太ももが水平になるところまで腰を落とす

2 両腕を左右に広げながら振り上げ、つま先立ちになって1の姿勢に戻る

⑳ 伸び上がりランジウオーク

運動の目安
ベースライン~ネットまで
※左右交互に行なう

足の着地のタイミングに合わせて、腕を振り上げて上体を後方に反らせながら行なうランジウオーク（P.27参照）です。体を反らせたときにできるタメと腕を振り下ろす反動を使って元の姿勢に戻りましょう。

PART2　ウオーミングアップでやっておきたいダイナミックストレッチ

㉑ 上体スイングランジウオーク

運動の目安
ベースライン〜ネットまで
※ 左右交互に行なう

ランジウオーク（P.27参照）の着地のタイミングで、両腕を上げ、上体を左右にスイングさせるストレッチです。

1　真っすぐ立った姿勢からスタートする

2　ステップに合わせて両腕を左右に振り上げる

3　足が着地したときに両手が頭上になるようにタイミングよく腕を振り上げる

4　頭上で手を組んで、踏み出した脚側に上体を倒す

5　上体を横にスイングして逆側に倒す

6　上体を垂直に戻し1の姿勢に戻る

PART 3

日ごろからやっておきたい
ストロークの精度を高め力強いボールを打つ
ためのストレッチ

PART3 ストロークの精度を高め、力強いボールを打つためのストレッチ

柔軟性を高めて正確で力強いストロークを身につけよう

スイングに必要な筋肉の柔軟性を高めておくことで、動作に力みがなくなり、今までよりパワーを使わなくても力強く安定したボールを打てるようになる。

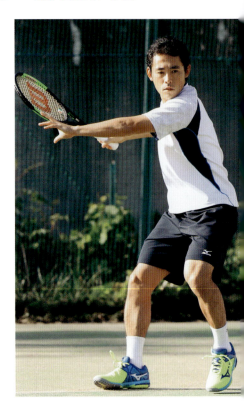

テニスのストロークの理想は、思ったコースに強い打球を打てるようになることです。そのために必要なのが、いつでも正しい重心移動を使ったスイングをできるようにしておくことです。腕の筋力に頼った「手打ち」になってしまうと打球が安定しなくなります。

重心移動を使った正しいスイングをするために大切なのが準備動作です。素早く上体をターンさせながら打点に入ることで、打ち出し方向に重心移動ができるようになります。

体の柔軟性を高めておくことで、スムーズな準備動作からのショットが可能になります。また、関節の可動域が広がることで、力むことなく大きなスイングができるようになります。

最小限の力で最大のパワーを発揮できる体の使い方を身につけましょう。

柔軟性を高めることで得られる成果

① 力むことなく大きなスイングができる
② 正しい重心移動で打球の方向性が安定する
③ 軸足に体重を乗せたところから、重心移動を使ったスイングができるようになり、打球のパワーが強くなる
④ ケガをしにくくなる

1 スイング動作に必要な柔軟性 ❶
胸と体幹の動きを連動させることで力みのない大きなスイングができる

　胸（大胸筋）と体幹の筋肉の柔軟性が高ければ、力まずにスムーズな動作で大きなスイングをすることができます。また、体幹のひねりと腕の動きを連動させるには、肩甲骨の動きもよくしておかなければいけません。上体をターンさせて大胸筋が伸展したときに、大胸筋と拮抗して収縮するのが肩甲骨の内側の筋肉です。

　これらの筋肉を使えていなかったり柔軟性が低いと、手打ちの小さなスイングになってしまいます。方向性が安定しないだけでなく、腕にかかる負担も大きいため、ひじや手首を痛めるリスクも高くなります。

●大きなスイング

手打ちになる

胸や体幹の筋肉を使えないと腕の力に頼ったスイングになる

NG スイングと一緒に体が回転する

体幹をひねらずに上体のターンを意識すると、体ごと回転するスイングになってしまう

2 スイング動作に必要な柔軟性 ❷
下半身のタメをつくり重心移動を使ったスイングをするのに必要な筋肉の柔軟性

　しっかりした重心移動を使ったスイングができれば、方向性が安定した重いボールを打つことができます。このとき重要な役割を果たすのが、太もも内側の筋肉（内転筋）と下腹深部にある股関節まわりの筋肉（腸腰筋）です。

　軸足に体重を乗せて上体をターンさせ、しっかりとタメをつくるために重要なのが股関節の動きです。股関節の動きが硬いと上体が後方に流れてしまいます。

　また、打球方向は重心移動の方向で決まります。軸足の位置を決めたところから打ちたい方向に正しく重心移動をするために、日ごろから内転筋の柔軟性を高めておくことも大切です。

NG 上体が後方に流れる

下半身のタメができないと、ターンで上体が後方に流れたり、腕が高く上がる

NG 上体が前に流れる

重心移動をしようとすると体が前に流れる

NG 上体が突っ込む

打ちにいく気持ちが強くなると上体が突っ込む

PART3 ストロークの精度を高め、力強いボールを打つためのストレッチ

動作に必要とされる柔軟性 ①
フォアハンドストローク

● クローズスタンス

① ターン　② 重心移動　③ インパクト　④ フィニッシュ

● オープンスタンス

① ターン　② 重心移動　③ インパクト　④ フィニッシュ

フォアハンドストロークで
上体をターンさせるときの体の使い方

フォアハンドストロークには、クローズスタンスとオープンスタンスの2種類があります。

クローズスタンスの場合は、打ち出す方向に踏み出しながらスイングができるため、打球の方向が安定しやすくなります。

オープンスタンスの場合、打ち出す方向に対してスタンスを開いているため、横に移動した後でも打ちやすいメリットがあります。しかし、スタンスを開いているぶん、上体を大きくターンさせる必要があるので、より柔軟性が求められます。

●クローズスタンス

●オープンスタンス

体前面

胸
ラケットを後方に引くのではなく、上体をターンさせるには胸の筋肉（大胸筋）の柔軟性が必要

わき腹・下腹深部
体幹のひねりにかかわるわき腹の筋肉（腹斜筋①）と、股関節の動きにかかわる下腹深部の筋肉（腸腰筋②）の伸展能力でターンの幅が決まる。無理にひねろうとすると力が生じ、スムーズに動かなくなる

太もも内側
軸足に体重を乗せて、タメをつくるためには、軸足つけ根の内側の筋肉（内転筋群）の伸展能力を高めておくことが大切。重心移動を使ったスイングができないと手打ちになりやすい

体背面

背中上部
ターンで大胸筋が伸展したときに収縮するのが、肩甲骨と胸椎をつなぐ背中上部の筋肉（菱形筋）。柔軟性を高めることで肩甲骨がスムーズに動くようになる

PART3 ストロークの精度を高め、力強いボールを打つためのストレッチ

動作に必要とされる柔軟性 ❷
バックハンドストローク

●ダブルハンドストローク

① ターン　② 重心移動　③ インパクト　④ フィニッシュ

●シングルハンドストローク

① ターン　② 重心移動　③ インパクト　④ フィニッシュ

バックハンドストロークの体の使い方

ダブルハンドストロークでは、ターンしたときに上体が窮屈になるので、肩甲骨の動きがスイングの大きさを決めるポイントになります。シングルハンドストロークはスイング軌道の弧が大きくなるため、ダブルハンドストロークよりも体幹の柔軟性を生かしたスイングが求められます。

① ターン

胸
ラケットを後方に引くのではなく、上体をターンさせるには胸の筋肉（大胸筋）の柔軟性が必要

背中上部
ターンのときの上体の窮屈さをなくすためにも前方の背中上部の筋肉（菱形筋）の柔軟性が必要となる

太もも内側
脚を前に踏み出したときに太もも内側の筋肉（内転筋）の柔軟性が高いと大きなタメをつくれる

④ フィニッシュ

わき腹・下腹深部
体幹のひねりにかかわる腹斜筋（①）と、股関節の動きにかかわる腸腰筋（②）の伸展能力でスイングの幅が決まる

① ターン

背中上部
ダブルハンドストロークのときよりさらに肩越しにボールを見るイメージで上体をターン

太もも内側
内転筋を柔らかく使って、打ち出す方向につま先を向ける

わき腹・下腹深部
ダブルハンドストロークと同様にわき腹・下腹深部の筋肉（腹斜筋①、腸腰筋②）の柔軟性でスイングの幅が決まる

④ フィニッシュ

胸
しっかり振り抜いて大きなフィニッシュを取るためには、胸の筋肉（大胸筋）の柔軟性が必要になる

背中上部
背中上部の筋肉（菱形筋）をしっかり収縮できれば、左右の肩甲骨を引き寄せられてスムーズにフィニッシュできる

PART3 ストロークの精度を高め、力強いボールを打つためのストレッチ

① 胸のストレッチ

運動の目安 **10〜15**秒
※ 各バリエーションを左右で行なう

スムーズなターンで大きなスイングをする

上体のターン動作をスムーズにするのに大切なのが、胸の筋肉（大胸筋）の柔軟性です。スイングの準備動作が素早くできるだけでなく、腕の可動域が広がるため、より大きなスイングでパワフルなボールを打てるようになります。

硬い人にありがちなNG
NG 手打ちになる
NG 体が後方に流れる

胸の下部

1 壁から少し離れて横向きに立ち、頭の横辺りの高さで壁に指先をつける

2 手の位置を変えずに、横に振り向くように壁と反対側に上体をひねり、胸の筋肉下部の伸展を意識しながらその姿勢を維持する

胸／背中上部／わき腹／下腹深部／太もも内側／太もも前部

胸の中央部

壁から少し離れて横向きに立ち、肩の高さで水平に腕を伸ばし、壁に指先をつける

手の位置を変えずに、横に振り向くように壁と反対側に上体をひねり、胸の筋肉の中央部の伸展を意識しながらその姿勢を維持する

胸の上部

壁から少し離れて横向きに立ち、腕を斜め下45度程度になるように伸ばし、壁に指先をつける

手の位置を変えずに、横に振り向くように壁と反対側に上体をひねり、胸の筋肉の上部の伸展を意識しながらその姿勢を維持する

PART3 ストロークの精度を高め、力強いボールを打つためのストレッチ

②体側のストレッチ

ターンで上体が後方に流れず
しっかりタメができるようになる

上体をターンさせるために必要な筋肉のストレッチです。素早く正しい準備動作ができるようになります。ターンのときに、上体が後方に流れてしまう人に有効なストレッチです。

硬い人にありがちなNG
NG 体が後方に流れる

運動の目安
10〜15秒
※ 左右で行なう

片腕を上方に伸ばし、もう一方の腕を胸の前で水平に伸ばす。水平に伸ばした腕を横から引かれるように上体を横に倒し、その姿勢をキープする

③ 体幹のツイスト

ストローク動作をスムーズにする

ストロークで体幹をひねるときに必要な筋肉のストレッチです。背中上部、わき腹、下腹深部の筋肉の動きを連動させながら柔軟性を高めていきましょう。

運動の目安 10秒 × 5回
※ 左右交互に行なう

1 肩幅より広めのスタンスで真っすぐに立ち、腕を伸ばして胸の前で手のひらを合わせる

2 顔を正面に向けたまま、ひじを曲げずに上体をゆっくり右にひねり、その姿勢を10秒キープしてもとに戻す

3 2と同様の手順で上体を左にひねって元の姿勢に戻す

バスタオルを使うとさらに効果的

バスタオルを丸めて床に縦に置き、タオルが肩甲骨の間にくるようにあお向けに寝て行なえば、さらに高いストレッチ効果を得られます。

PART3 ストロークの精度を高め、力強いボールを打つためのストレッチ

④ 斜め方向のツイスト

運動の目安 5〜10回
※ 左右で行なう

1 肩幅より少し広めのスタンスで立ち、手のひらを合わせてバックハンドストロークのターンをイメージして上体をひねる

2 手のひらを合わせたまま、斜め上方にゆっくり腕を振り上げる。手もとができるだけ高い位置になるように全身で伸び上がる

バックハンドストロークの上体の窮屈さを克服する

バックハンドのダブルハンドストロークでは、上体をターンしたときに、懐のスペースが小さくなるため窮屈になります。背中上部とわき腹の筋肉の柔軟性を高めておくことで、窮屈さがなくなるとともに、スムーズなラケットの振り抜きが可能になります。

後ろから

⑤ 腰割り

体幹のスムーズな回転と重心移動を可能にする

体幹をスムーズに回転させるために必要なのが股関節の柔軟性です。股関節を柔らかく使って体幹をひねることで、スムーズに重心移動ができるようになると同時に、体に無理なく大きなスイングができるようになります。

運動の目安 10〜15秒

両脚を左右に大きく広げてつま先をできるだけ外側に向けて立つ。背すじを垂直に保ったまま、ひざを曲げて腰を落とし、その姿勢をキープする

OPTION お尻と背中側部のストレッチ

「腰割り」の姿勢から上体を前に倒して両腕を前方斜め下に伸ばすことで、お尻の筋肉（大殿筋）と背中側部（広背筋）のストレッチを行なえます。

両脚を左右に大きく広げてつま先をできるだけ外側に向けて立つ。ひざを曲げて腰を落とし、上体を前に倒し両腕を前方斜め下に伸ばした姿勢をキープする

PART3 ストロークの精度を高め、力強いボールを打つためのストレッチ

⑥ 腸腰筋のストレッチ

運動の目安
10~15 秒
※ 左右で行なう

上体を垂直に保ち、骨盤を正面に向けたまま脚を前後に大きく広げ、後方のひざを床に近づけ、その姿勢をキープする

椅子を使うとさらに効果的

後方に椅子を置き、座面に足の甲を乗せて行なえば、さらに大きく脚を広げることができます。

正しい重心移動で力みのないスイングをする

タメをつくってから重心移動を使ってスイングするためには、股関節を柔らかく使うことが大切です。正しく重心移動ができていないと、打球の勢いに負けたり、腕の力に頼ったスイングになってしまいます。

硬い人にありがちなNG
- **NG** 手打ちになる
- **NG** タメができない

OPTION お尻のストレッチ

骨盤を正面に向けたまま脚を前後に大きく広げ、後方のひざを床に近づけたところから上体を前に倒せば、お尻の筋肉（大殿筋）のストレッチを行なえます。

後ろ脚側の股関節と前脚側の大殿筋をストレッチできる

椅子を使うとさらに効果的

左ページと同じように、このストレッチでも後方に椅子を置き、座面に足の甲を乗せて行なえば、さらに大きく脚を広げられます。

PART3 ストロークの精度を高め、力強いボールを打つためのストレッチ

⑦ 太もも前部のストレッチ

力みのないスムーズなスイングをするためのストレッチ

下半身始動の体を柔らかく使ったスイングをするためには股関節まわりの筋肉の柔軟性を高めておくことが大切です。ボールを打った後の反応をよくすることにもつながります。

運動の目安
10～15秒
※ 左右で行なう

1 真っすぐに立ったところから、片脚を浮かせてかかとをお尻に近づけるように手で足の甲を持つ

2 手で足の甲を引き上げるように上体を少し前傾させ、その姿勢をキープする

⑧ 太もも内側のストレッチ

運動の目安 10～15秒
※ 左右で行なう

脚を左右に大きく広げて真っすぐに立ち、上体を垂直に保ったまま、片脚のひざを曲げて重心を横に移動して、その姿勢をキープする。できるだけつま先を正面に向けたまま行なうのがポイント

ターンで股関節を柔らかく使ってしっかりタメをつくる

上体をターンさせたときに、軸足にしっかり乗るために大切なのが、太もも内側の筋肉（内転筋）の柔軟性です。内転筋が硬いとつま先が外側に向いて、軸足に乗り切れなかったり、重心移動のときに力が外側に逃げてしまいます。

椅子を使うとさらに効果的

椅子の横に立ち、座面に土踏まずを乗せて行なえば、さらに大きく脚を広げることができます。

PART3 ストロークの精度を高め、力強いボールを打つためのストレッチ

● 目的別ストレッチメニュー ❶
腕力に頼らない重心移動を使ったストロークを実現する

腕や上半身の柔軟性を高めることで、力みのないスイングができるようになり、よりパワフルなショットを打てるようになる。

順番	種目名		時間・回数／セット数
1	胸のストレッチ P.40参照		10〜15秒 ※左右で行なう ※各バリエーションを行なう
3	体幹のツイスト P.43参照		10秒 × 5回 ※左右交互に行なう
4	斜め方向のツイスト P.44参照		5〜10回 ※左右で行なう

● 目的別ストレッチメニュー ❷
下半身にタメをつくるためのバランスと柔軟性を身につける

下半身の柔軟性を確保することで、体幹の軸が安定してバランスを崩しにくくなる。柔らかくスムーズな動きで、下半身からのパワーを効率よくボールに伝えよう。

順番	種目名		時間・回数／セット数
5	腰割り P.45参照		10〜15秒
6	腸腰筋のストレッチ P.46参照		10〜15秒 ※左右で行なう
8	太もも内側のストレッチ P.49参照		10〜15秒 ※左右で行なう

PART 4

日ごろからやっておきたい
サーブとスマッシュをパワーアップするためのストレッチ

PART4 サーブとスマッシュをパワーアップするためのストレッチ

腕をムチのように使って ボールにパワーを伝える

ボールに最大限のパワーを伝えるためには、筋力だけではなく柔らかい動きが大切。
体の柔軟性と動作の連動性を高め、パワフルかつ安定力のあるボールを打とう。

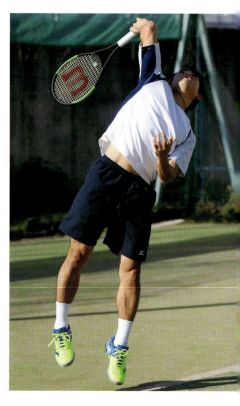

　テニスのプレーの中で、唯一、完全に主導権を持ってプレーできるのがサーブです。重心移動を使ったスイングをするのはストロークと同じですが、サーブでは縦方向のスイングになります。ストローク同様、体幹や胸の筋肉を柔らかく使うことで、力まずにタメをつくりましょう。

　縦方向のスイングでは、それに加えて、腕の使い方が大切になります。腕を縦方向に回転させると同時に、ひねり(回旋)動作が加わります。重心移動とスイング動作をタイミングよく連動させることによって、小さな力で大きなパワーを発揮でき、コースも安定します。

　スマッシュも縦方向のスイングという点ではサーブと同じです。1つ異なるのが、打点に移動してから打つことです。後方に下がったときは、軸足でしっかり止まることがとくに大切です。

柔軟性を高めることで得られる成果

❶ 重心移動を使うことで、打球の方向性が安定する
❷ 腕を柔らかく使って振り抜くことで、速い打球が打てるようになる
❸ 体が流れるなど、バランスを崩さなくなる
❹ ケガをしにくくなる

1 サーブ動作に必要な柔軟性

胸、体幹、腕のひねりでつくったタメを
タイミングよくリリースして大きなパワーを発揮する

サーブでの爆発的なパワーは、全身でつくったタメを、タイミングよく使うことで生まれます。トスアップしたときに、下半身と体幹、上体のターン、腕のひねりでタメをつくります。

これらのタメを重心移動に合わせて、伸び上がり動作→体幹のひねり戻し→腕の振り→外側にひねった腕（外旋）のひねり戻し（内旋）の順に解放していきます。

力まずにタメをつくるために必要となるのが、各部位の柔軟性です。

●腕の回旋を使った大きなスイング

❶外側にひねる
❷元に戻す
❸内側にひねる

NG 体が伸び上がる
トスアップで体が伸び上がってしまうとタメができない

NG 手打ちになる
すぐに体を正面に向けてしまうと体幹のタメができずに手打ちになる

NG 上体が突っ込む
上体が前方に突っ込むとラケットが先行してボールにパワーが伝わらない

2 スマッシュ動作に必要な柔軟性

下がってから打つスマッシュでは
股関節と下半身の柔らかい使い方がポイント

スマッシュを打つ状況は、通常、自分の頭を越えるボールを打たれたときになります。後方に下がり、軸足に重心を乗せてから動作を切り返す必要があるため、体が後方に流れてしまうとボールにパワーを十分に伝えられません。

ここで重要になるのが股関節の動きです。股関節を柔らかく使って、地面から得た力をスイングに伝えることが大切です。

NG 手打ちになる
体を正面に向けたままだと手打ちになる

NG 重心移動できない
体が後方に流れていると重心移動できない

PART4 サーブとスマッシュをパワーアップするためのストレッチ

動作に必要とされる柔軟性 ❶
フラットサーブ／スピンサーブ

●フラットサーブ

① セット　② ラケットバック　③ トスアップ　④ ラケットアップ

●スピンサーブ

① セット　② ラケットバック　③ トスアップ　④ ラケットアップ　⑤ 重心移動

重心移動に合わせて上体を柔らかく使うことで精度の高い強いサーブが実現する

サーブでは、トスアップで軸足に乗せた重心を打ち出し方向に移動しながら、上体を柔らかく使ってラケットを振り抜くことが大切です。

腕の力を使わずに、重心移動に合わせてタイミングよくスイング動作を連動させることで、ボールに大きな力を伝えられるので、強いボールが打てます。また方向性も安定するので精度も高まります。

⑤ 重心移動　⑥ インパクト　⑦ フォロースルー　⑧ フィニッシュ

⑥ インパクト　⑦ フォロースルー　⑧ フィニッシュ

PART4　サーブとスマッシュをパワーアップするためのストレッチ

筋肉の柔軟性を高めることが力みのない鋭いスングを生む

　サーブの基本となるのはフラットサーブです。トスアップしたボールを自分のタイミングで打つため、体の使い方が非常に大切です。
　トスアップで軸足に重心を乗せたときに、体の軸をブラさずにタメをつくるためには、わき腹、背中側部、下腹深部の筋肉の柔軟性が求められます。
　また、腕をムチのように使った力みのないスイングをするためには、胸、背中上部、前腕部、上腕部の筋肉の柔軟性も必要です。

腕の回旋に必要な筋肉の柔軟性

　サーブやスマッシュのように、上方からラケットを振り抜くときに大切なのが腕の回旋です。ラケットアップから重心移動を開始したところで腕は外側にひねられ（外旋）、インパクトに向けてひねりが戻され、フォロースルーで内側にひねられて（内旋）いきます。
　このとき必要になるのが、肩深部の関節まわりの細かい筋肉群（インナーマッスル）と前腕部の筋肉群です。

⑤ 重心移動　⑥ インパクト　⑦ フォロースルー

肩　腕を外側にひねるために肩のインナーマッスルの柔軟性が必要となる

前腕部　腕の外旋運動に伴い前腕部内側の筋肉（前腕屈筋群）が引き伸ばされる

前腕部　腕の内旋運動に伴い前腕部の手の甲側の筋肉（前腕伸筋群）が引き伸ばされる

肩　腕を内側にひねるために肩のインナーマッスルの柔軟性が必要となる

● スピンサーブ

　スピンサーブでは、ボールの後方をこすり上げるようにインパクトするため、フラットサーブのときに比べて、手首の横方向への動きが大きくなります。そのぶん、前腕側部の筋肉の柔軟性も必要とされます。

手首の横の動き
尺屈　撓屈

④ ラケットアップ

胸
ラケットアップで上体のタメをつくるためには、胸の筋肉（大胸筋）の柔軟性が必要

わき腹・下腹深部
伸び上がったときに上体をひねって軸足に体重を乗せるため、わき腹の筋肉（腹斜筋①）と、股関節のひねりにかかわる下腹深部の筋肉（腸腰筋②）の伸展能力が高ければより大きなタメをつくれる

背中上部
肩甲骨をスムーズに動かすためには背中上部の筋肉（菱形筋）の柔軟性が必要となる

背中側部
上体をひねるときにわき腹の筋肉（腹斜筋①）と連動して引き伸ばされるのが背中側部の筋肉（広背筋）

肩
サーブではラケットハンド側の肩を下げるため、肩の筋肉（三角筋）も引き伸される

前腕部
腕の回旋運動に伴い前腕部の筋肉（前腕屈筋群）が引き伸ばされる

上腕部
ひじの位置が高くなったときに上腕部裏側の筋肉（上腕三頭筋）が引き伸ばされる

⑤ 重心移動

●スピンサーブ

スピンサーブの場合、ラケットアップから重心移動をしていくときに、フラットサーブのときよりも上体を大きく後方に反らせます。引き伸ばされる筋肉はフラットサーブと同じですが、スムーズな動きをするためには、より高い柔軟性が必要とされます。

PART4 サーブとスマッシュをパワーアップするためのストレッチ

動作に必要とされる柔軟性 ❷
スマッシュ

股関節を柔らかく使った切り返し動作がポイント

スマッシュでの体の使い方はサーブとほぼ同じです。1点、サーブと異なるのは、スマッシュでは後方に移動したところから、打ち出し方向へ重心を切り返してスイングすることです。体が後方に流れやすくなるので、軸足側の股関節を柔らかく使うことがポイントです。

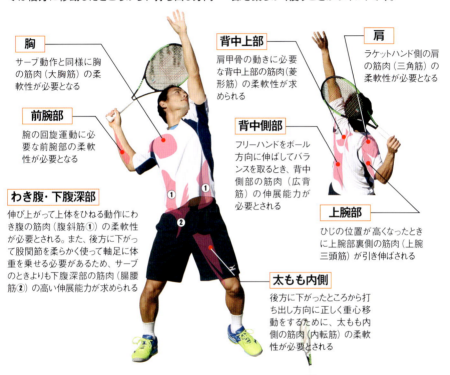

胸
サーブ動作と同様に胸の筋肉（大胸筋）の柔軟性が必要となる

前腕部
腕の回旋運動に必要な前腕部の柔軟性が必要となる

わき腹・下腹深部
伸び上がって上体をひねる動作にわき腹の筋肉（腹斜筋①）の柔軟性が必要とされる。また、後方に下がって股関節を柔らかく使って軸足に体重を乗せる必要があるため、サーブのときよりも下腹深部の筋肉（腸腰筋②）の高い伸展能力が求められる

背中上部
肩甲骨の動きに必要な背中上部の筋肉（菱形筋）の柔軟性が求められる

背中側部
フリーハンドをボール方向に伸ばしてバランスを取るとき、背中側部の筋肉（広背筋）の伸展能力が必要とされる

肩
ラケットハンド側の肩の筋肉（三角筋）の柔軟性が必要となる

上腕部
ひじの位置が高くなったときに上腕部裏側の筋肉（上腕三頭筋）が引き伸ばされる

太もも内側
後方に下がったところから打ち出し方向に正しく重心移動をするために、太もも内側の筋肉（内転筋）の柔軟性が必要とされる

腕の回旋に必要な筋肉の柔軟性

スマッシュの体の動きは、フラットサーブと同様に縦方向のスイングとなるため、腕の回旋が大切になります。ラケットアップから重心移動のときに腕が外側にひねられ（外旋）、インパクトでひねりが戻され、フォロースルーに向けて内側にひねられ（内旋）ていきます。肩関節のインナーマッスルの伸展能力がスムーズな動きのカギとなります。

外旋 → ニュートラル → 内旋

PART4 サーブとスマッシュをパワーアップするためのストレッチ

① 胸と背中のストレッチ

運動の目安
5～10回
※ゆっくり行なう

1 両腕を左右に大きく広げて真っすぐに立つ

2 両腕を水平にゆっくり移動させて胸の前で手のひらを合わせる

腕の可動域を広げてスイングの幅を広げる

サーブのトスアップやスマッシュのラケットアップのときに、タメができないと手打ちになってしまいます。このとき、必要となるのが胸の筋肉（大胸筋）と肩甲骨の左右の動きにかかわる背中上部の筋肉（菱形筋）の柔軟性です。

硬い人にありがちなNG
NG 体が正面を向く
NG 上体が流れる
これらの場合、タメがつくれず手打ちになる

3
みぞおちの位置が動かないようにしながら、胸の前で合わせた手を前にゆっくり突き出す

肩甲骨の動き

肩甲骨を中央に引き寄せながら腕を広げる

肩甲骨を左右に大きく広げながら腕を前方に突き出す

PART4 サーブとスマッシュをパワーアップするためのストレッチ

② 肩甲骨の上下ストレッチ

縦のスイングに必要な肩甲骨の対称的な動きを身につける

運動の目安 **5～10**回
※ 左右交互にゆっくり行なう

サーブやスマッシュのような縦方向のスイングでは、肩甲骨を対称的に動かすことでタメをつくることができます。肩甲骨が上下にスムーズに動かせるように周辺の筋肉の柔軟性を高めておきましょう。

1
両腕のひじを約90度に曲げ、手のひらを正面に向けて片手を上げ、もう一方の腕は手の甲を正面に向けて指先を下に向ける

2
1と左右対称の姿勢になるように、できるだけひじの位置を変えずに上腕を回旋させる

肩甲骨の動き

上腕をひねる動作は肩甲骨の動きがポイントになる。このとき、肩甲骨は単に上下に動くだけでなく、回転するように動く

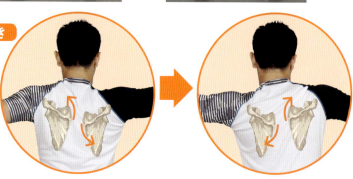

③ 肩のインナーストレッチ

腕を柔らかく使ってボールをしっかりとらえるために

スイング動作では、外側にひねった腕を内側にひねる回旋動作をすることでボールをしっかりとらえることができます。回旋動作に必要な肩関節深部のインナーマッスルの柔軟性を高めておきましょう。

運動の目安
10～15 回
※ 左右で行なう
※ 反動がつき過ぎないように注意

1
肩の高さでチューブの一端を後方に固定して、片手でもう一端を握ってひじを90度に曲げ、上腕が水平になるように腕を上げる

2
ひじの位置が動かないように、腕を下に振り下ろし、チューブが縮む力を使って元の姿勢に戻る

PART4 サーブとスマッシュをパワーアップするためのストレッチ

④ 肩と腕のストレッチ

大きなスイングをするために腕の可動域を広げる

サーブやスマッシュでは、できるだけ大きな弧を描くスイングをすることで、ボールに大きな力を加えることができます。肩まわりと腕のストレッチをして、腕を大きく振れるようにしておくことが大切です。

運動の目安
5〜10回
※ 左右交互にゆっくり行なう

1 肩幅より少し広めのスタンスで真っすぐに立ち、ひじを伸ばしたまま、手のひらを正面に向けるように片腕を上げる

2 上げていた腕を振り下ろすと同時に、もう一方の腕を振り上げる

⑤ 胸と背中のストレッチ

チューブの握り方

このストレッチを行なうときは人差し指と中指の間にチューブを通し、短い方を握る

運動の目安
10 ~ 15 回

※ 左右で行なう
※ 反動がつき過ぎないように注意

1
肩幅より少し広めのスタンスで真っすぐに立ち、片足でチューブの一端を踏み、もう一端をチューブを踏んでいる足と逆側の手で握る。チューブがたるまないように、踏む位置を変えて長さを調整する

2
腕を斜め上方に振り上げ、チューブが縮む力を利用して元の姿勢に戻る

⑥ 上腕三頭筋のストレッチ

ラケットアップで大きなタメをつくるためのストレッチ

ラケットアップで腕を外側にひねる（外旋）ことによってタメをつくれます。このとき、体幹、胸、背中上部とともに柔軟性が求められるのが、上腕部裏側の筋肉（上腕三頭筋）と背中側部の筋肉（広背筋）です。これらの筋肉も日ごろからストレッチしておきましょう。

運動の目安 10〜15秒
※左右で行なう

片腕のひじを曲げて上げ、もう一方の手をひじにかけて、ひじを頭方向に引き寄せる

硬い人にありがちなNG　手打ちになる

上腕三頭筋が使えていないと、タメをつくれずに手打ちになってしまう

床で行なうとさらに効果的

床にひじをついて行なうことで、背中側部（広背筋）のストレッチも同時に行なうことができます。自分の柔軟性を考慮して、体重のかけ方を調整しながら行ないましょう。

四つばいの姿勢から、片方の手のひらを脚方向に向けてひじを床につき、ひじに体重をかけていく

⑦ 上腕部(拮抗筋)のストレッチ

運動の目安 10〜15回
※ 左右で行なう
※ 反動がつき過ぎないように注意

腕の振り上げ動作に合わせた
スムーズな屈伸動作を身につける

　重心移動から腕を振り上げるときに、屈曲した腕をインパクトに向けてニュートラルに戻して(伸展)いきます。チューブを使って軽く反動をつけながら、実際のスイングに近い動きで柔軟性を高めていきましょう。

1 後方の低い位置にチューブの一端を固定して、できるだけ頭の後方で片手でもう一端を握る

2 ひじの位置が動かないように、腕を上に振り上げ、チューブが縮む力を使って元の姿勢に戻る

PART4 サーブとスマッシュをパワーアップするためのストレッチ

⑧ クロス方向のストレッチ

❶ クロス方向へのストレッチ

真っすぐ立った姿勢から、右手を斜め上方に上げ、左脚を横に広げてつま先立ちになり、体の軸をブラさずにクロス方向に体を伸展する

運動の目安
10〜15 秒
※ 左右で行なう

❷ 左右の脚のスイング

運動の目安
10〜15 回
※ 左右で行なう

1 真っすぐに立ったところから左脚を体の少し前に浮かせ、右手を浮かせた左足のつま先方向に伸ばしてバランスを取る

2 体の軸を真っすぐに保ったまま、右腕を斜め上方に振り上げながら、左脚を横に大きくスイングする

体の軸をブラさずに大きく体を使うためのストレッチ

スマッシュでは、後方に下がったところで軸脚に重心を乗せたところから重心移動をすると同時に、体幹や上肢を伸展させてタメをつくります。ここで大切なのが股関節の使い方です。股関節の柔軟性を高めておくことで、バランスよく動けるようになります。

硬い人にありがちなNG
NG 体が後方に流れる

股関節を柔らかく使えないと後方に下がったときに上体が後方に流れやすくなる

❸ 前後の脚のスイング

運動の目安 10〜15回
※ 左右で行なう

1 真っすぐに立ったところから左脚を前方に浮かせ、右手を浮かせた左足のつま先方向に伸ばしてバランスを取る

2 体の軸を真っすぐに保ったまま、右腕を斜め上方に振り上げながら、左脚を後方に大きくスイングする

PART4 サーブとスマッシュをパワーアップするためのストレッチ

⑨ 前腕部内側のストレッチ

腕の回旋に合わせて手首のスナップを使うと速い球が打てる

全身を使って行なう腕のスイング動作に加えて、インパクトに向けて手首のスナップを使うことでヘッドスピードをさらに加速させることができます。日ごろから手首の可動域を広げておくことで、さらに速いサーブやパワフルなスマッシュを打つことができます。

運動の目安
10～15秒
※ 左右で行なう

手のひらを正面に向けて体の前で腕を伸ばし、もう一方の手で指先を手前に引く

床で行なうとさらに効果的

床に手をついて行なうことで、上腕部、肩、肩甲骨まわりの筋肉のストレッチも同時に行なうことができます。自分の柔軟性を考慮して、体重のかけ方を調整しながら行ないましょう。

四つばいの姿勢から、腕をひねって片手の指先の向きを反転させ、ひじが曲がらない程度に重心を前に移動する

⑩ 手首の左右のストレッチ

強いスピンがかかったサーブを打てるようになる

スピンサーブを打つために必要なのが、手首の左右の動き（橈屈・尺屈）です。手首の可動域を広げて、腕の振りや回旋動作に連動して手首を柔らかく使うことで、さらに強い回転をかけることができます。

運動の目安
5～10回
※ 左右交互にゆっくり行なう

橈屈
ラケットアップしたときに前腕屈筋群が伸展される

尺屈
ラケットアップしたところからフォロースルーまでの動きでは前腕伸筋群が伸展される

1 真っすぐに立ち、手のひらを正面に向けて片手を上げ指先を内側に向ける

2 頭上で「バイバイ」をするイメージで指先をゆっくり外側に向ける

PART4 サーブとスマッシュをパワーアップするためのストレッチ

●目的別ストレッチメニュー ❶
腕をムチのようにしならせたスイングを手に入れる
スイングにかかわる上半身の筋肉の柔軟性を高めて、スイングスピードを加速させる。

順番	種目名		時間・回数／セット数
2	肩甲骨の上下ストレッチ P.62参照		5～10 回 ※左右交互にゆっくり行なう
6	上腕三頭筋のストレッチ P.66参照		10～15 秒 ※左右で行なう
9	前腕部内側のストレッチ P.70参照		10～15 秒 ※左右で行なう
10	手首の左右のストレッチ P.71参照		5～10 回 ※左右交互にゆっくり行なう

●目的別ストレッチメニュー ❷
体のブレをなくしてスムーズに腕が振れるようになる
スイング中にバランスを崩さないために、体幹部を軸に腕を振る動作にかかわる筋肉の柔軟性を確保することが大切。

順番	種目名		時間・回数／セット数
4	肩と腕のストレッチ P.64参照		5～10 回 ※左右交互にゆっくり行なう
5	胸と背中のストレッチ P.65参照		10～15 回 ※左右で行なう ※反動がつき過ぎないように注意
8	クロス方向のストレッチ P.68参照		10～15 回 ※各バリエーションを左右で行なう ※❶は左右各10～15秒

PART 5

日ごろからやっておきたい

素早いフットワークから バランスを崩さずに打つ

ためのストレッチ

PART5 素早いフットワークからバランスを崩さずに打つためのストレッチ

下半身を柔らかく使ったフットワークを身につけよう

テニスの試合でとても大切なのがフットワーク。安定したスイングは正しいフットワークから生まれる。バランスの取れたフットワークに必要な下半身の柔軟性を身につけよう。

　テニスの試合では、自分が立っているところにボールが飛んでくることはあまりありません。相手の打ったコースに合わせて、常に前後左右に移動してからスイングすることになります。そのためフットワークが非常に大切になります。

　相手がボールを打つ瞬間に、その場で軽くジャンプ（スプリットステップ）します。このときの着地の際に地面から得られる反動を利用すれば、素早く移動することができます。

　素早く上体をターンして、できるだけ大きなステップで少ない歩数で移動し、早いタイミングでスイングの準備をするのが理想です。

　この一連の動作では自重をコントロールしなければいけません。そのために必要とされるのが、筋肉の柔軟性を生かした柔らかい体の使い方なのです。

柔軟性を高めることで得られる成果

❶ 早いタイミングでスイングの準備ができるようになり、ショットが安定する
❷ ボールが打てる範囲が今までより広くなる
❸ 次の打球に対する準備が素早くできるようになる
❹ ケガをしにくくなる

1 フットワークに必要な柔軟性❶
下半身を柔らかく使うことで歩幅が広がりバランスを崩さずに止まれるようになる

フットワークで必要とされるのが、下半身の柔らかい使い方です。股関節や脚の筋肉の柔軟性が高いほど、大きなステップが可能になります。また、着地で地面から受ける衝撃も柔らかく吸収することができるため、バランスを崩さずにスイングのタメをつくることができます。

実際のテニスのプレーでは、スイング動作とフットワークの両方が必要とされます。スイングと併せて、フットワークも磨いておくことが大切です。

●下半身の柔らかい使い方

NG 止まれずに体が流れる
下半身を柔らかく使えないと移動方向に体が流れてバランスを崩してしまう

NG 手打ちになる
素早く移動できないと準備動作が遅れて重心移動ができずに手打ちになってしまう

NG 振り遅れる
下半身が硬いことで体をひねってしまうと振り遅れてしまう

2 フットワークに必要な柔軟性❷
下半身を柔らかく使うことで厳しいボールも拾えるようになる

下半身を柔らかく使えるようになると、今まで拾えなかったボールでも、バランスを崩さずに拾えるようになります。

厳しい姿勢からでも、重心移動を使ったスイングができるため、ボールを打った後もバランスを崩さずに次のプレーに移行できます。

●横への大きな移動

NG 上体が流れる
股関節が硬いと上体が流れやすくなる

●ローボレー

NG 手打ちになる
自重をコントロールできないと上体が突っ込んで手打ちになる

PART5 素早いフットワークからバランスを崩さずに打つためのストレッチ

動作に必要とされる柔軟性 ❶
フォアサイドのフットワーク

● クロスステップで横に移動してフォアハンドストローク

● サイドステップで横に移動してフォアハンドストローク

大きなステップで少ない歩数で素早く打点に入る

スプリットステップの着地で地面から得られる反動を利用すれば、1歩目のステップを大きく踏み出すことができます。

ボールが遠くに打たれた場合はクロスステップでの素早い対応が必要です。比較的近くに打たれた場合はサイドステップでタイミングを取りながら移動します。

いずれの場合も、素早く上体をターンさせて、大きなステップを使って少ない歩数で、軸足をセットするのが理想とされます。

② クロスステップ　　① スプリットステップ

② サイドステップ　　① スプリットステップ

PART5　素早いフットワークからバランスを崩さずに打つためのストレッチ

動作に必要とされる柔軟性 ②
バックサイドのフットワーク

● 横に移動してバックハンドストローク（シングルハンド）

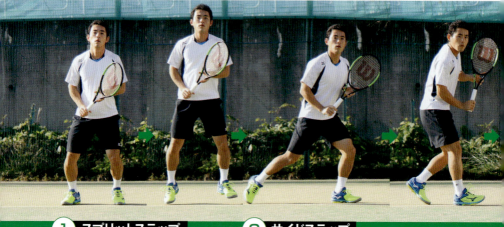

① スプリットステップ　② サイドステップ

● 横に移動してバックハンドストローク（ダブルハンド）

① スプリットステップ　② サイドステップ

肩越しにボールを見て素早くスイングの準備をする

　バックサイドに移動するときのフットワークも、基本はフォアサイドと同じです。バックサイドの場合は、肩越しにボールを見ながらの移動となるため、フォアサイドに比べるとストップで軸足に体重を乗せやすくなります。

　ダブルハンドストロークの場合、軸足に体重を乗せたところから重心移動をしてインパクトする際に、股関節まわりや体幹の柔軟性が低いと腕の振り抜きが悪くなり窮屈なスイングになりがちです。

③ ストップ　④ 重心移動　⑤ インパクト

③ ストップ　④ 重心移動　⑤ インパクト

PART5 素早いフットワークからバランスを崩さずに打つためのストレッチ

ストロークの善しあしはバランスの取れた
フットワークと素早い準備動作で決まる

　左右に移動するフットワークでは、まず1歩目の歩幅がポイントとなります。素早く大きなステップで移動できれば、早いタイミングでのスイングの準備につながります。
　また、ストップで軸足を着地させたときに、柔らかく自重を受け止めて、バランスよく打ち出し方向に重心移動をする切り返し動作も必要です。これらの動作をスムーズに行なうためには、下腹深部や下半身の筋肉の柔軟性が求められます。

② クロスステップ
フォアサイド

下腹深部
スプリットステップの反動を利用して素早く1歩目を踏み出すために、軸足側の下腹深部の筋肉（腸腰筋）の高い伸展能力が求められる

② サイドステップ
バックサイド

下腹深部
スプリットステップの反動を利用して踏み出すために、軸足側の下腹深部の筋肉（腸腰筋）の高い伸展能力が求められる

下半身
クロスステップで横に大きく踏み出すためには、踏み出す脚のお尻の筋肉（大殿筋①）、太もも後部（ハムストリング②）、太もも外側（腸脛靭帯③）、ふくらはぎ（腓腹筋④）の筋肉の柔軟性が大切になる

太もも
サイドステップで横に大きく踏み出すためには、軸足側の太もも前部（大腿四頭筋⑤）、太もも外側（腸脛靭帯③）の筋肉、踏み出す脚側の太もも内側の筋肉（内転筋⑥）の柔軟性が大切になる

ふくらはぎ・すね
サイドステップで大きく地面を蹴り出すために、軸足側のすねの筋肉（前頸骨筋・腓骨筋⑦）、踏み出すときに踏み出す脚のふくらはぎの筋肉（腓腹筋・ヒラメ筋④）の柔軟性が大切になる

④ 重心移動

フォアサイド

下腹深部
軸足の位置を決めたところから、タメをつくりながら正確に打ち出し方向に重心移動をするためには、踏み出す脚側の下腹深部の筋肉（腸腰筋）の柔軟性が求められる

お尻
横に移動した後に、打ち出し方向に重心移動をするときに、両方のお尻の筋肉（大殿筋）の柔軟性が求められる

太もも前部
軸足に重心を乗せてタメをつくるときに、下腹深部の筋肉（腸腰筋）の柔軟性と同時に太もも前面の筋肉も伸展される

太もも内側
軸足に重心をしっかり乗せて、つま先を打ち出し方向に向けるために、太もも内側の筋肉（内転筋）の柔軟性が必要となる

太もも外側
重心移動で打ち出し方向に踏み出すために、太もも外側の腸脛靱帯の柔軟性を高めておくことが大切

④ 重心移動

バックサイド

お尻
横に移動した後に、打ち出し方向に重心移動をするときに、両方のお尻の筋肉（大殿筋）の柔軟性が求められる

下腹深部
軸足の位置を決めたところから、タメをつくりながら正確に打ち出し方向に重心移動をするためには、踏み出す脚側の下腹深部の筋肉（腸腰筋）の柔軟性が求められる

太もも外側
重心移動で打ち出し方向に踏み出すために太もも外側の腸脛靱帯の柔軟性を高めておくことが大切

太もも内側
軸足に重心をしっかり乗せて、つま先を打ち出し方向に向けるために、踏み出す脚の太もも内側の筋肉（内転筋）の柔軟性が必要となる

PART5 素早いフットワークからバランスを崩さずに打つためのストレッチ

動作に必要とされる柔軟性 ③
前後のフットワーク

●後ろに下がってフォアハンドストローク

⑤ インパクト　④ 重心移動　③ ストップ

●前に移動してフォアハンドストローク

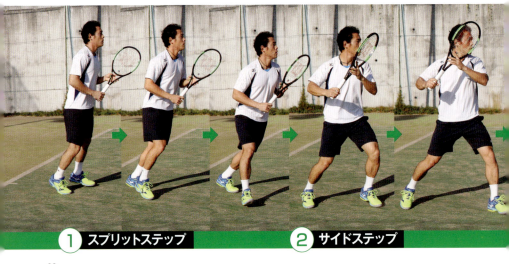

① スプリットステップ　② サイドステップ

前後に体が流れないために、より高い柔軟性が必要

浅く打たれたボールや深いボールに対して前後に移動してから行なうショットのときも、基本となるのは左右のフットワークと同じです。素早く上体をターンさせてスイングの準備をしながら移動し、バランスを崩さずにストップして軸足の位置を決め、打ち出し方向へ重心移動をしてスイングを始めます。

フィニッシュで前後に体が流れてしまいやすいので、下腹深部や下半身の筋肉のより高い柔軟性が求められます。

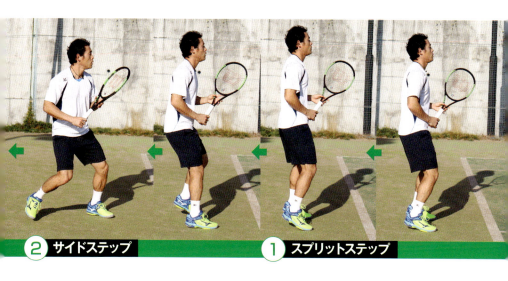

② サイドステップ　① スプリットステップ

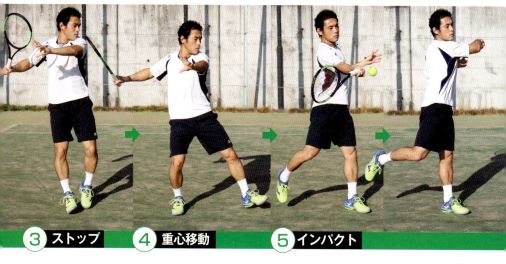

③ ストップ　④ 重心移動　⑤ インパクト

PART5 素早いフットワークからバランスを崩さずに打つためのストレッチ

動作に必要とされる柔軟性 ④
ローボレー

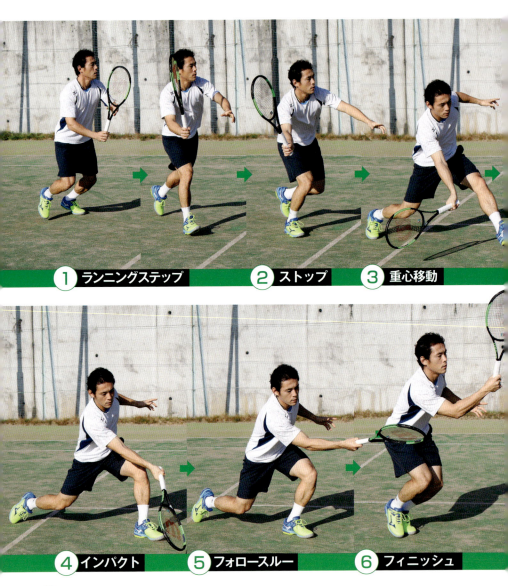

バランス力と柔軟性が最も問われるのがローボレー

短いボールに対するローボレーでは、非常に高いバランス能力が要求されます。ボールが打たれた瞬間に素早く反応して、低い姿勢でラケットを低く出します。このときも軸足に重心をしっかり乗せて、重心移動でボールを運ぶことが大切です。

下腹深部や下半身の筋肉の柔軟性を高めて、体を柔らかく使えるようにしておくことで、体から離れたボールも拾ってコントロールできるようになります。

③ 重心移動

背中側部
大きく前に踏み出したときに腕を低く出すには背中側部の筋肉（広背筋）の伸展能力が必要

わき腹・下腹深部
上体の軸をブラさずにより広い範囲に腕を伸ばすためには、わき腹の筋肉（腹斜筋①）と、股関節のひねりにかかわる下腹深部の筋肉（腸腰筋②）の伸展能力が必要

太もも内側
太もも内側の筋肉（内転筋）の柔軟性が高いほど前に大きく踏み出すことができる

太もも後部
踏み出す脚の太もも後部の筋肉（ハムストリング）の伸展能力を高めておくことで、より大きなスタンスで前方に踏み出せる

ふくらはぎ
太もも後部と同様にふくらはぎの筋肉（腓腹筋）の柔軟性を高めておくことで大きく前方に踏み出せる

④ インパクト

下腹深部
低いボールをバランスを崩さずに重心移動で打つためには、下腹深部の筋肉（腸腰筋②）の伸展能力を高めておくことが大切

お尻・太もも内側
インパクトで踏み出した脚で柔らかく体重を受け止めるために、踏み出す脚側のお尻の筋肉（大殿筋）と太もも内側（内転筋③）の柔軟性が求められる

太もも前部・側部
前方に体が流れないようにバランスを維持するためには、軸脚の太もも前部の筋肉（大腿四頭筋④）と太もも側部（腸脛靱帯⑤）の柔軟性が必要とされる

PART5 素早いフットワークからバランスを崩さずに打つためのストレッチ

① 股関節のストレッチ

股関節のスムーズな動きで大きなステップを実現する

股関節の動きをよくしておくことで、素早く歩幅の大きなステップで踏み出せるようになります。できるだけ少ない歩数で打球する位置に移動できるようになれば、今までより広い範囲のボールに対応できます。

バランスを崩す場合は椅子を使って行なう

脚を振り上げるときやつま先立ちになったときにバランスを崩してしまう場合は、椅子の背もたれなどに片手を添えて行ないましょう。

運動の目安
8~10回
※左右で行なう

1 上体を真っすぐに保ち、骨盤を正面に向けたまま、脚を前後に大きく広げる。前の脚のひざを90度に曲げて腰を落とす

2 後ろの脚を前に振り上げながらつま先立ちになり、1の姿勢に戻る

② お尻のストレッチ

下半身を柔らかく使って スイングのタメをつくる

下半身を柔らかく使うことで、軸脚にしっかり重心を乗せてタメをつくることができます。前後左右に移動した後でも、上体が流れたり、のけ反ったりすることなく、しっかり軸脚に重心を乗せられるようにしておきましょう。

硬い人にありがちなNG
NG 進行方向に体が流れる
下半身の筋肉の柔軟性が低いと自重をコントロールできなくなる

運動の目安 10～15秒
※ 左右で行なう

1 脚を前後に少し広げて真っすぐに立つ

2 上体を一直線に保ったまま、ひざを曲げて重心をゆっくり下げる

③ 股関節内側のストレッチ

左右の守備範囲が広がるストレッチ

左右に大きく移動してからスイングするときに大切なのがつま先の向きです。つま先が外側に向いていると、移動方向に上体が流れやすくなります。股関節、脚部、体幹を柔らかく使うことでバランスを維持できるようになります。

運動の目安 8～10回
※左右交互に行なう

NG つま先が外側に向く
脚をひねったときにつま先が外側に向かないように注意する

1 肩幅の1.5倍程度に左右に脚を広げて真っすぐ立つ

2 ひざが90度程度に曲がるように腰を落とし、左足のつま先を正面に向けたまま、右脚を内側にひねる

3 つま先の向きに気をつけながら、反対側でも同じことを行なって1回とカウントする

④ 下半身後部のストレッチ

前方に大きく踏み出せるようになるストレッチ

脚の裏側とお尻の筋肉の柔軟性を高めておくことで、前後に大きく脚を広げられるようになります。全力で前方にダッシュした後のローボレーなどのバランスを崩しやすい姿勢も無理なく取れるようになります。

運動の目安
10～15秒
※左右で行なう

硬い人にありがちなNG
NG 上体が突っ込む
大きく踏み込めないと手打ちになって上体が突っ込む

1 椅子の正面に真っすぐに立ち、ひざを伸ばしたまま片方のかかとを座面に乗せる

2 上体を真っすぐに保ったまま、ゆっくり前に倒し、脚の後部の伸びを感じながら姿勢をキープする

PART5 素早いフットワークからバランスを崩さずに打つためのストレッチ

⑤ ふくらはぎのストレッチ

足首を柔らかく使って歩幅を広げるためのストレッチ

足首の前後の動きをよくするためのストレッチです。ふくらはぎの筋肉（腓腹筋）の柔軟性を高めておくことで、足首の可動域が広がり、地面を粘り強く蹴った大きなステップで踏み出せるようになります。また、ふくらはぎやアキレス腱などのケガ予防の効果もあります。

運動の目安
10〜15秒
※ 左右で行なう

上体を真っすぐに保って、脚を前後に広げ、後方の脚のひざを伸ばしたままかかとを床につけ、その姿勢をキープする

⑥ すねのストレッチ

さまざまな動きにおける足首の
ケガを予防するストレッチ

運動の目安 10〜15秒
※各バリエーションを左右で行なう

　前後左右に動いたり、軸足に重心を乗せて切り返す動作では足首を柔らかく使う必要があります。足首の柔軟性が低いとバランスを崩したり、ケガをするリスクが高まります。ふくらはぎと合わせて、すねの筋肉の柔軟性も高めておきましょう。

すね前面

すねの前側の筋肉（前脛骨筋）が伸展される

真っすぐに立ち、片脚を後方に下げて、足の甲を床に近づけるようにゆっくり体重をかける

すね外側

真っすぐに立ち、片脚を前に出して、足の裏を内側に向けるように足を倒して、ゆっくり体重をかける

すねの外側の筋肉（腓骨筋）が伸展される

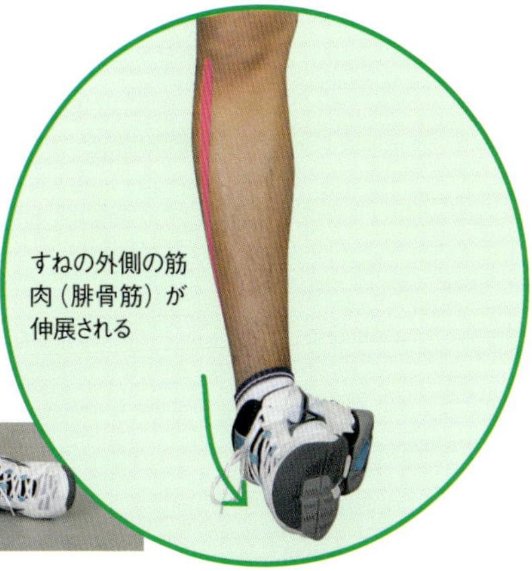

PART5 素早いフットワークからバランスを崩さずに打つためのストレッチ

⑦ 腰割り
P.45参照

股関節を柔らかく使える
ようにするためのストレッチ

運動の目安
10～15秒

両脚を左右に大きく広げてつま先をできるだけ外側に向けて立つ。背すじを垂直に保ったまま、ひざを曲げて腰を落とす

⑧ 腸腰筋のストレッチ
P.46参照

股関節の前後の動きを
よくするためのストレッチ

上体を垂直に保ち、骨盤を正面に向けたまま脚を前後に大きく広げ、後方のひざを床に近づける

運動の目安
10～15秒

※ 左右で行なう
※ 各バリエーションを行なう

OPTION
お尻のストレッチ

骨盤を正面に向けたまま脚を前後に大きく広げ、上体を前に倒す

⑨ 太もも内側のストレッチ
P.49参照

股関節の左右の動きを
よくするためのストレッチ

運動の目安
10～15秒
※ 左右で行なう

脚を左右に大きく広げて真っすぐに立ち、上体を垂直に保ったまま、片脚のひざを曲げて重心を横に移動する

⑩ 太もも前部のストレッチ

P.48参照

股関節の前後の可動域を
広げるためのストレッチ

運動の目安
10〜15秒
※ 左右で行なう

真っすぐに立ったところから、片脚を浮かせてかかとをお尻に近づけ、上体を少し前傾させる

⑪ クロス方向のストレッチ

P.68参照

上半身や体幹と連動させて
下半身を柔らかく使うストレッチ

運動の目安
8〜10回
※ 左右で行なう
※ 各バリエーションを行なう

● 左右の脚のスイング

● 前後の脚のスイング

PART5 素早いフットワークからバランスを崩さずに打つためのストレッチ

●目的別ストレッチメニュー ❶
股関節の柔軟性を高めてフットワークをスムーズにする

下半身を柔らかく使えるようになることで、脚の動きをスムーズにすることが大切。

順番	種目名	時間・回数／セット数
1	股関節のストレッチ P.86参照	8～10回 ※左右で行なう
3	股関節内側のストレッチ P.88参照	8～10回 ※左右交互に行なう
7	腰割り P.45参照	10～15秒
9	太もも内側のストレッチ P.49参照	10～15秒 ※左右で行なう

●目的別ストレッチメニュー ❷
フットワークで重心がブレないようになる

素早い動きの中でもバランスを崩さないために、体の柔軟性を高めて体幹の軸をブラさずに下半身を動かせるようにすることが大切。

順番	種目名	時間・回数／セット数
4	下半身後部のストレッチ P.89参照	10～15秒 ※左右で行なう
8	腸腰筋のストレッチ P.46参照 OPTION お尻のストレッチ	10～15秒 ※左右で行なう ※各バリエーションを行なう
11	クロス方向のストレッチ P.93参照	8～10回 ※左右で行なう ※各バリエーションを行なう

PART 6

疲れを明日に残さない!
試合や練習の後に疲労を回復する
ためのストレッチ

PART6 試合や練習の後に疲労を回復するためのストレッチ

疲労した部位を中心に全身まんべんなく伸ばしておく

ハードに体を動かした後には、必ずストレッチをする習慣をつけておこう。
翌日のパフォーマンスアップだけでなく、ケガのリスクも軽減することができる。

　試合や練習を終えた後、クーリングダウンで行なうストレッチは非常に大切です。疲労した筋肉をしっかり伸ばしておくことが、翌日に残る疲れの軽減につながります。

　筋肉中に疲労物質がたまると、筋肉は柔軟性を失い、張りや凝りを引き起こし、体が重く感じたり、体がスムーズに動かなくなります。そのため、パフォーマンスが低下するだけでなくケガを引き起こす原因にもなります。

　疲労の激しいときは、とくに時間をかけて全身の筋肉をまんべんなく伸ばしておくことが大切です。

　運動前には体を動かしながら行なうダイナミックストレッチが効果的ですが、運動後はじわじわと筋肉を伸ばすスタティックストレッチを中心に行なうのが重要です。

● 運動前のストレッチ

体を動かしながらの「ダイナミックストレッチ」で適度な筋肉の緊張を保ちながら、プレーに必要な可動域を確保していく

● 運動後のストレッチ

反動をつけない「スタティックストレッチ」でじわじわと筋肉を伸ばしていく

ストレッチで得られる成果

❶ 筋肉中にたまった疲労物質を取り除き、翌日に残る疲れが軽減される
❷ 疲労部位を確認することで、筋力の弱い部分やフォームや姿勢の悪い部分を確認できる
❸ ケガをしにくくなる

① 肩甲骨のストレッチ

運動の目安 10～15秒

床に四つばいになり、両ひじを伸ばして前方に手をついた姿勢で胸をできるだけ床に近づけ、その姿勢をキープする

② 肩甲骨のストレッチ

運動の目安 10～15秒
※ 左右で行なう

床に四つばいになり、両ひじを伸ばして前方に手をついた姿勢から、手のひらを上に向けて片腕を体の下にくぐらせ、ひじを伸ばしたまま肩の外側に体重をかけ、その姿勢をキープする

PART6 試合や練習の後に疲労を回復するためのストレッチ

③ 体幹と股関節のストレッチ

運動の目安
10〜15秒
※左右で行なう

脚を左右に大きく広げて立ち、片方の足のつま先を外側に向けてひざを曲げる。曲げているひざと逆側の腕を上に伸ばし、上体を横に倒してもう一方のひじを曲げたひざに乗せる

床で行なうとさらに効果的

柔軟性が高く、簡単にできる場合は、床に座って開脚した姿勢で体を横に倒すとさらに効果的です。

床に座って片脚を折りたたんで開脚したところから、脚を伸ばしている側の腕を前方に伸ばし、もう一方の腕を上に伸ばして、伸ばしている脚の方向に上体を倒す。伸ばしている脚のつま先を上に向け、ひざが曲がらないように注意する

④ 体幹と肩甲骨のストレッチ

運動の目安 8〜10回
※ 左右交互に行なう

1 左右に大きく脚を広げ、両腕を水平に伸ばして立つ

2 腕を伸ばしたまま肩を水平に回転させる

3 両腕を広げたまま、上体を側方に倒して手でひざにタッチする

⑤ 背部・腰部の後方伸展

運動の目安 10〜15秒
※ 痛みや違和感が発生したら無理をしないこと

うつ伏せの姿勢でひじを伸ばして両手で体重を支えながら上体を起こし、その姿勢をキープする

できない人はひじをついて行なう
体に力が入ってしまう人は、ひじを曲げて前腕で体重を支えるようにやってみましょう。

PART6 試合や練習の後に疲労を回復するためのストレッチ

⑥ 体幹と股関節の動的ストレッチ

運動の目安 8〜10回
※ 左右交互に行なう

1 あお向けで両脚をそろえてひざを立て、両腕を左右に少し開いて床につける

2 できるだけ肩が床から浮かないように注意しながらひざを横に倒す

3 2と逆側にひざを倒してから1の姿勢に戻って1回とカウントする

バスタオルを使って行なうとさらに効果的

柔軟性が高く、簡単にできる場合は、バスタオルを丸めて骨盤の下に置いて行なうとさらに効果的なストレッチになります。

丸めたバスタオルに骨盤が乗るように調整してあお向けになる

1 バスタオルに骨盤を乗せてあお向けになり、両脚をそろえてひざを立て、両腕を左右開いて床につける

2 できるだけ肩が床から浮かないように注意しながらひざを左右に倒す

⑦ 腰背部のストレッチ

運動の目安 10～15秒

あお向けに寝た姿勢で肩で体を支えながら、つま先を頭上の床につけるように体を折り曲げる。左右にフラつかないように両ひじを床につけて、手で腰を支え、姿勢をキープする

⑧ 股関節のストレッチ

運動の目安 10～15秒

ひじとひざを90度に曲げてうつ伏せになり、体を床に近づけた姿勢をキープする

PART6 試合や練習の後に疲労を回復するためのストレッチ

⑨ 腸腰筋のストレッチ
P.46参照

運動の目安 10〜15秒
※ 左右で行なう
※ 各バリエーションを行なう

上体を垂直に保ち、骨盤を正面に向けたまま脚を前後に大きく広げ、後方のひざを床に近づけ、その姿勢をキープする

OPTION お尻のストレッチ

上体を前方に倒せば前方の脚側のお尻の筋肉を伸ばせる

⑩ 股関節の開脚ストレッチ

1 あお向けで両脚をそろえてひざを立てたところから、ひざの位置が変わらないようにつま先を上に向けて片脚を伸ばし、両腕を左右に少し開いて手で床を支える

2 脚を伸ばしたまま、足首の角度を変えずに、脚の重さを使って横に倒し、その姿勢をキープする

⑪ 腰割り　P.45参照

運動の目安 10〜15秒
※ 各バリエーションを行なう

両脚を左右に大きく広げてつま先をできるだけ外側に向けて立つ。背すじを垂直に保ったまま、ひざを曲げて腰を落とし、その姿勢をキープする

OPTION　お尻と背中側部のストレッチ

腰わりの姿勢から、上体を前に倒し両腕を前方斜め下に伸ばした姿勢をキープする

⑫ 股関節のストレッチ

運動の目安 10〜15秒
※ 左右で行なう

1 つま先を外側に開いてうつ伏せになり、ひじを90度に曲げて手のひらで床を支える

2 体の前面が床から離れないようにしながら片脚を動かして開脚し、その姿勢をキープする

⑬ 股関節のストレッチ

運動の目安 10〜15秒
※ 各バリエーションを行なう

足の裏を合わせて床に座り、かかとをできるだけ体に引き寄せて骨盤を立て、姿勢をキープする

OPTION
お尻と腰部のストレッチ

胸を脚に近づけるように上体を倒すと、お尻と腰の筋肉が伸展される

⑭ お尻と腰のストレッチ

運動の目安 10〜15秒

手のひらを床につけて、ひざとひじを伸ばしたまま、かかとが浮かないところまで、手と足の位置を近づけ、その姿勢をキープする

⑮ お尻のストレッチ

つま先を上に向けて片脚を前方に伸ばし、もう一方の脚はひざを90度に曲げて、ひざで体重を支える。手で床を触るように上体を前方に倒し、その姿勢をキープする

運動の目安
10〜15秒
※ 左右で行なう

⑯ 太もも内側のストレッチ

P.49参照

脚を左右に大きく広げて真っすぐに立ち、上体を垂直に保ったまま、片脚のひざを曲げて重心を横に移動して、その姿勢をキープする。できるだけつま先を正面に向けたまま行なうのがポイント

運動の目安
10〜15秒
※ 左右で行なう

⑰ 太もも前部のストレッチ

運動の目安
10〜15秒
※ 左右で行なう

片脚を後方に折りたたみ、もう一方の脚を前方に伸ばして床に座る。ひざが床から浮かないところまで上体を後方に倒し、その姿勢をキープする

姿勢が取れない人は立って行なう

ひざが浮いてしまう人は、立った姿勢で伸ばしてみよう。

P.48参照

真っすぐに立ったところから、片脚を浮かせてかかとをお尻に近づけるように手で足の甲を持つ

PART6 試合や練習の後に疲労を回復するためのストレッチ

⑱ ふくらはぎのストレッチ

P.90参照

上体を真っすぐに保って、脚を前後に広げ、後方のひざを伸ばしたままかかとを床につけ、その姿勢をキープする

運動の目安
10〜15秒
※ 左右で行なう

⑲ ふくらはぎと足底のタオルストレッチ

運動の目安
10〜15秒
※ 左右で行なう

シューズを履かずに、片脚を前方に伸ばした姿勢で、床に座り母指球の辺りにタオルを引っ掛けて手前に引く

⑳ 前腕部内側のストレッチ

P.70参照

運動の目安 10〜15秒
※ 左右で行なう

指先を下に向け、手のひらを正面に向けて片腕を前方に伸ばし、もう一方の手で指先を手前に引く

床で行なうとさらに効果的

床に手をついて行なうことで、上腕部、肩、肩甲骨まわりの筋肉のストレッチを左右同時に行なうことができます。

四つばいの姿勢から、腕をひねって両手の指先の向きを反転させ、ひじが曲がらない程度に重心を前に移動する

㉑ 前腕部外側のストレッチ

運動の目安 10〜15秒
※ 左右で行なう

四つばいの姿勢で、指先が自分に向くように、片手を裏返して手の甲を床につける。ひじが曲がらない程度に調整しながら手の甲に体重をかける

PART6 試合や練習の後に疲労を回復するためのストレッチ

㉒ 腕と肩甲骨のストレッチ

体の正面で足の裏を合わせて壁の前に座る。壁のできるだけ高い位置に、指先を下に向けて手をつき壁を押す。背中をできるだけ伸ばしたまま上体を前に倒す

運動の目安
10 ~ 15 秒

㉓ 首側部のストレッチ

片手を横から頭にかけて、腕の重みで頭を横に倒し、その姿勢をキープする

運動の目安
10 ~ 15 秒

※ 左右で行なう

㉔ 首後部のストレッチ

頭の後方で手を組み、腕の重みで頭を前方に倒し、その姿勢をキープする

運動の目安
10 ~ 15 秒

PART 7

早期復帰と再発防止を狙う!
ケガからの復帰とパフォーマンスアップを両立するストレッチ

PART7 ケガからの復帰とパフォーマンスアップを両立するストレッチ

ケガの症状が回復したら、まず機能回復、次に弱点の克服

ケガをしたときに大切なのは、ケガの原因をなくすこと。それが弱点の克服につながれば、復帰後に以前よりパフォーマンスが向上することも少なくない。

テニスのレベルが向上するにつれて、対戦相手の打球も強くなり、打たれるコースも厳しくなってきます。それに伴って、ケガのリスクも高くなります。

ケガをしてしまった場合に大切なのが、まずは症状の回復を待つことです。症状が回復してきたら、医師の指導の下に競技に復帰する準備を開始します。

このときに大切になるのがストレッチです。ケガをした部位は、症状が改善するまであまり動かしていないため、筋肉の柔軟性が失われていることが多いからです。

まず、ストレッチで柔軟性を取り戻し、必要に応じてトレーニングなどを行なったうえで競技に復帰するのが理想です。

テニスで起こるケガは多くの場合、①フォームや姿勢の乱れ、②筋力不足、が原因と考えられます。ケガから回復したとしても、原因を取り除かなければ、再発する可能性は高くなります。必要に応じて、正しいフォームや姿勢をつくるためのストレッチやトレーニングをすることが大切です。

ケガをしたときの競技復帰までの流れ

症状の回復を待つ

機能回復
時期は医師の判断の下に、患部の安静によって失われた柔軟性や筋力を元のレベルまで回復するためのストレッチやトレーニングを開始する

再発の防止
ケガの原因が、①フォームや姿勢の乱れの場合は、正しい動きに必要なストレッチやトレーニング、②筋力不足の場合は、必要な部位のトレーニングを行なう

競技復帰
弱点を克服することで、ケガをする前より高いパフォーマンスを発揮できる

機能回復のストレッチの目的と成果

❶ 競技復帰の時期が早まる
❷ ケガの原因を見極め、ケガの再発を防ぐ
❸ パフォーマンスが向上する

手首やひじの機能回復ストレッチ

テニスでボールを打つときの衝撃は非常に大きなものです。

ラケットを握る手首や腕には、ただでさえ大きな負荷がかかっているので、腕の力に頼ったスイングをしているとケガのリスクが高くなります。

手首は非常に可動域の広い関節の1つです。前腕部の細かい筋肉群が複雑な動きを可能にしています。まんべんなく柔軟性を高めてから競技に復帰することが理想です。

また、前腕部の筋肉群は、ひじをひねる動き（回内外）にも関連しています。スムーズに動くように、日ごろからケアしておきましょう。

① 手首の背屈

運動の目安 10～15秒

※ 左右で行なう
※ すべてのバリエーションを行なう

●前腕部内側のストレッチ（指4本）

指先を下に向ける。片腕を前方に伸ばして手のひらを前に向け、その手の4本の指先をもう一方の手で持ち、手前に引く

P.70参照

●指2本（人差し指、中指）

片腕を前方に伸ばし、もう一方の手で人差し指と中指を握って手前に引く

●指2本（薬指、小指）

片腕を前方に伸ばし、もう一方の手で薬指と小指を握って手前に引く

PART7　ケガからの復帰とパフォーマンスアップを両立するストレッチ

② 手首の掌屈

運動の目安
10 ~ 15 秒
※ 左右で行なう

片腕を前方に伸ばして手の甲を前に向け、その手の薬指と小指をもう一方の手で握ってを手前に引く

③ 母指の背屈・掌屈

運動の目安
10 ~ 15 秒
※ 左右で行なう
※ 各バリエーションを行なう

●背屈

片腕を前方に伸ばして手のひらを前に向け、その手の親指をもう一方の手で握って手前に引く

●掌屈

片腕を前方に伸ばして手の甲を前に向け、その手の親指をもう一方の手で握って手前に引く

④ 手首を使ったグーパー

運動の目安
8 ~ 10 回
※ 左右同時に行なう

1

2

両腕を前方に伸ばし、両手をグーにして手の甲を前に向けるように手首を下に曲げる（掌屈）

ひじを伸ばしたまま手首を上に反らせて（背屈）、指を広げてパーにする

⑤ 手首の尺屈・橈屈

運動の目安 10〜15秒
※ 左右で行なう
※ 各バリエーションを行なう

●尺屈

片腕を前方に伸ばして手のひらを上に向け、人差し指にもう一方の手を掛けて、手首を小指側に曲げる（尺屈）ように手前に引く

●橈屈

片腕を前方に伸ばして手のひらを下に向け、その手の小指にもう一方の手を掛けて、手首を親指側に曲げる（橈屈）ように手前に引く

⑥ ひじの回内外

運動の目安 8〜10回
※ 左右で行なう

1 前腕を水平にして手のひらを下に向けながら片腕を少し前方に伸ばし、ひじの位置がズレないようにもう一方の手でひじを支える

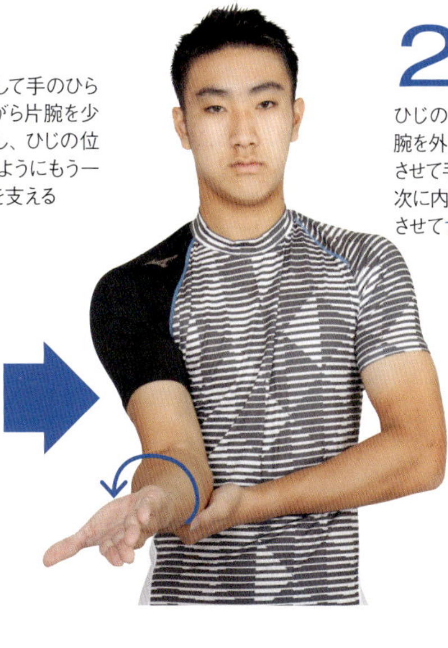

2 ひじの位置を変えずに前腕を外向きに反転（回外）させて手のひらを上に向け、次に内向きに反転（回内）させて1の姿勢に戻す

PART7 ケガからの復帰とパフォーマンスアップを両立するストレッチ

肩や背中上部の機能回復ストレッチ

肩関節は可動域がとても広いぶん、その構造も複雑です。腕を水平より高く上げたり、ひじを内側に引き寄せるときは、肩甲骨も動きます。

腕を大きく動かすときには、肩と肩甲骨まわりの多くの筋肉がかかわっています。また、肩甲骨と拮抗して働くのが胸の筋肉となります。

肩や背中上部を傷めた後は、これらの筋肉をまんべんなく動かして、筋肉の張りや動きの引っ掛かりをなくしておくことが大切です。

ケガを再発させないためにも、しっかりとケアしておきましょう。

① 腕の回旋

運動の目安 **8〜10**回

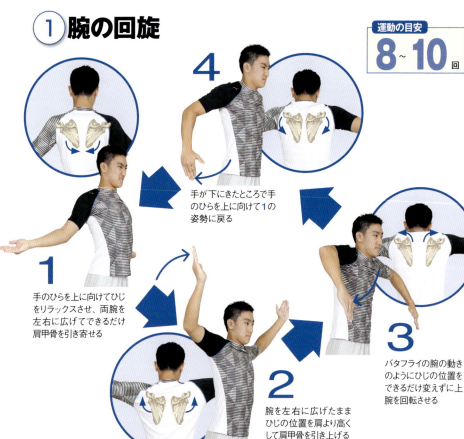

1 手のひらを上に向けてひじをリラックスさせ、両腕を左右に広げてできるだけ肩甲骨を引き寄せる

2 腕を左右に広げたままひじの位置を肩より高くして肩甲骨を引き上げる

3 バタフライの腕の動きのようにひじの位置をできるだけ変えずに上腕を回転させる

4 手が下にきたところで手のひらを上に向けて1の姿勢に戻る

② バスタオルを使った腕の回旋

バスタオルを丸めて縦に置き、タオルの上に背骨が乗るようにあお向けになる

運動の目安 **8～10** 回

1 手のひらを上に向けて両腕を頭の方向に伸ばす

2 前腕を床から浮かせずにゆっくり腕を左右に広げる

3 手のひらを返しながら手もとを左右から体に近づけていく

4 手が腰の横にきたら、腕を上げて体の上で手のひらを合わせ、頭の方向に振り上げて1の姿勢に戻る

PART7 ケガからの復帰とパフォーマンスアップを両立するストレッチ

③ 肩甲骨の上下のストレッチ

運動の目安 **8~10** 回

1 手のひらを体の外側に向けて両腕を真っすぐ上に伸ばす

2 手のひらを外側に向けたまま、横から腕をゆっくり下ろしていく

3 できるだけひじを体に引き寄せた後、ゆっくり1の姿勢に戻していく

④ 肩甲骨の左右のストレッチ

運動の目安 **8~10** 回

1 手のひらを自分に向けて胸の前で両手を組み、腕を前方に伸ばして真っすぐに立つ

2 みぞおちの位置を変えずに、肩甲骨を左右に広げて、ゆっくり手もとを前方に押し出す

体幹や腰背部の機能回復ストレッチ

重心移動を使ったスイングをするためには、体幹が非常に大切です。しかし、体幹の強さに頼ったスイングをしていると、体幹部を傷める原因にもなってしまいます。実際に体幹部の肉離れなどは、体幹の強い人に多く見られます。

また、背中や腰を傷めた人は、わき腹や腹筋などの柔軟性も低下していることが多いものです。

体幹部は常に大きな負荷がかかる部位なだけに、日ごろから柔軟性を高めて、凝りや張りをなくしておくことが大切です。

① ヒップリフト

運動の目安 8～10回

1

あお向けでひざを立て、両腕を左右に軽く開いて手のひらで床を支える

2

お尻を浮かせ、肩からひざまでを一直線にした姿勢を3秒間キープする

PART7 ケガからの復帰とパフォーマンスアップを両立するストレッチ

② クロスウェイアップ

運動の目安 8〜10回
※ 左右で行なう

1 四つばいの姿勢から右手と左脚を床から浮かせて、体幹を丸めて体の下で右ひじと左ひざをタッチさせる

2 体幹を真っすぐにして、右腕と左脚が水平に一直線になるところまでゆっくり伸ばす

③ わき腹と太もも外側のストレッチ

椅子の後ろに立って背もたれをつかみ、椅子側の脚を椅子から遠ざける方向に移動しながら、上体を垂直に保って重心を下げ、その姿勢をキープする

運動の目安 10〜15秒
※ 左右で行なう

④ わき腹と背中側部のストレッチ

横から

運動の目安
10～15秒
※左右で行なう

ひざ立ちになって片手を上げ、斜め後方に体をひねって、もう一方の手でかかとにタッチする

斜め前から

⑤ 腰背部のストレッチ

両脚をそろえて椅子に座ったところから、ひざを抱きかかえるように胸をひざに近づけ、その姿勢をキープする

運動の目安
10～15秒

PART7 ケガからの復帰とパフォーマンスアップを両立するストレッチ

股関節まわりの機能回復ストレッチ

テニスで股関節の動きは非常に重要です。可動域の広さだけでなく、股関節を柔らかく使えるようにしておくことで、バランスを崩しにくくなります。

股関節の動きにかかわっている主な筋肉は、下腹深部の筋肉(腸腰筋)とお尻の筋肉(殿筋群)です。また、股関節を動かすときは、脚部や体幹部の筋肉も股関節と連動して動いています。

股関節の機能回復のストレッチでは、目的とする動作に必要な周囲の筋肉も合わせて動かすようにしましょう。

① 下腹深部のストレッチ

運動の目安 10～15秒
※左右で行なう

1 ひざ立ちの姿勢で腰に手を当てて、片ひざを立てる

2 床についているひざの位置を変えずに、腰を前に押し出すように重心を前方に移動する

② お尻と太もも内側のストレッチ

運動の目安 8～10回
※ 左右交互に行なう

1 つま先を外側に向けて脚を左右に開き、ひざを曲げて腰を落とした姿勢で、ひざの内側から腕を通して足首を握る

2 ゆっくり右ひざを伸ばしながら重心を左に移動する

3 左ひざを伸ばしながら重心を右に移動する

③ お尻側部のストレッチ

運動の目安 10～15秒
※ 左右で行なう

脚を前後に大きく開き、前脚のひざを曲げて下腿部を床につけるようにし、後ろ脚は後方に真っすぐ伸ばす。その姿勢から、両手を床について体重を前方にかける

骨盤が横向きに開かないように注意する

PART7 ケガからの復帰とパフォーマンスアップを両立するストレッチ

④ 下半身の複合ストレッチ①

運動の目安
10〜15秒
※ 左右で行なう

できるだけ床から胸を浮かさずに行なうことが大切

1 うつ伏せの姿勢でひじを90度に曲げて両手で床を支える

2 体を後方にひねって片脚を反対側の床につけ、その姿勢をキープする

⑤ 下半身の複合ストレッチ②

運動の目安
10〜15秒
※ 左右で行なう

1 うつ伏せになり、前腕部で床を支えて上体を起こす

2 前腕を床につけたまま、片脚を踏み出す。下半身をリラックスさせ、股関節に重心を乗せた姿勢をキープする

脚部の機能回復ストレッチ

脚部は非常にケガの多い部位の1つです。常に自分の体重を支えているため、ボディーバランスの乱れや疲労の蓄積などが原因で、さまざまな傷害が起こります。太ももなどの大きなパワーを発揮する部位に関しては、筋力不足がケガにつながることも少なくありません。

ひざや足首は非常に疲労がたまりやすい部位です。日ごろから周辺の筋肉をケアしておく必要があります。とくに、すねや足の裏などは気づかないうちに疲労がたまっていることも多いので注意しましょう。

① 太もも前部のストレッチ

運動の目安 **8～10回**

1 床に手をついた長座で体をリラックスさせる

2 両方の太ももにギュッと力を入れ、その状態を5～8秒間キープして1に戻る

② 太ももまわりのストレッチ

運動の目安 10〜15秒
※ 左右で行なう
※ 各バリエーションを行なう

●太もも前部

P.48参照

立った姿勢で行なう太もも前部の筋肉（大腿四頭筋）のストレッチ

●太もも内側

P.49参照

開脚して行なう太もも内側の筋肉（内転筋）のストレッチ

●太もも後部

椅子を使って行なう太ももの後部（ハムストリング）を伸ばすストレッチ

P.89参照

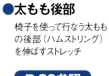

●太もも外側

椅子を使って行なう太ももの外側（腸脛靱帯）を伸ばすストレッチ

P.118参照

③ ふくらはぎのストレッチ

運動の目安
10〜15秒
※ 左右で行なう

ふくらはぎの筋肉（腓腹筋）と腱（アキレス腱）のストレッチ

P.90参照

---

④ すねまわりのストレッチ

●すね前部・外側
（前脛骨筋・腓骨筋）

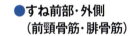

●すね前部
（前脛骨筋）

運動の目安
10〜15秒
※ 左右で行なう

運動の目安
8〜10回

真っすぐに立ち、片足のつま先を床につけたところから、体重をかけて足首を反らせ、その姿勢をキープする。床につけたつま先の位置をずらしながらまんべんなく伸ばしておく

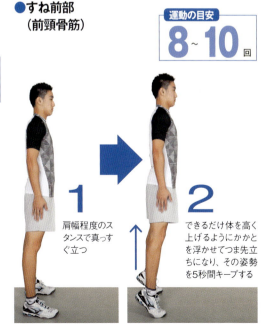

1 肩幅程度のスタンスで真っすぐ立つ

2 できるだけ体を高く上げるようにかかとを浮かせてつま先立ちになり、その姿勢を5秒間キープする

著者

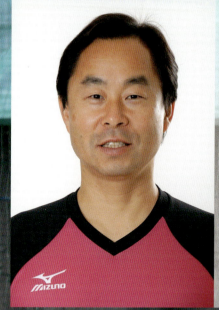

井上正之（いのうえ まさゆき）

1966年11月23日生まれ、東京都出身。テニスプロコーチ&トレーナー。井上整骨院・鍼灸院院長。日大三高、日大を経て、1987年渡米し、ハリーホップマンテニスに留学。その後、アラバマ大学に入学し、スポーツ医療、トレーニングを専攻。在米中に、数々のテニスアカデミーで修業を続け、1989年USPTR（米国プロフェッショナル・テニス・レジストリー）認定の資格を取得。帰国後、テニスコーチとして数多くの日本タイトル獲得選手を輩出する傍ら、整骨院や整形外科などで勤務、2001年開業。2015年、ナショナルジュニア全仏・全英・全米遠征帯同のサポート、現在もグランドスラムをはじめ世界の大会に遠征しトレーニング指導・身体の治療・ケアを担当すると同時に、整骨院でも数多くのトッププロやトップジュニアのコンディショニング指導を行なっている。

モデルプロフィール

藤井 信太（ふじい しんた）
1988年11月22日生
埼玉県出身。プロテニスプレーヤー

松﨑 幹尚（まつざき みきひさ）
2000年9月2日生
神奈川県出身

あとがき

　本書では、テニスのプレーに必要な体の動かし方をスムーズに行なえるようになるためのストレッチ法を紹介しています。その内容は、テニスに特化したものであると同時に、日ごろの生活や運動にも活用できるものとなっています。

　ストレッチには、ゆっくりと行なうものや、体を動かしながら行なうものなど、さまざまな種類がありますが、その目的を知ることでより一層レベルの高い効果を得ることが可能となります。

　テニスをする前の準備として適切なストレッチを行なうことで、ケガの予防にもつながります。また、日ごろからストレッチを習慣にしておくことで、体がスムーズに動かせるようになり、動作の連動性も高まります。その結果、ラケットからボールに伝えられるパワーが大きくなり、ショットのレベルアップにつながります。

　ストレッチを行なうときは、体の特定の部位を伸ばすというよりも、体幹を中心とした「動きの連動」を意識しながら各関節や筋肉をストレッチすることで、プレーに直結した効果が期待できます。

　コートの中でボールを打つだけがテニスの練習ではありません。場所を選ばずに、どこでも気軽にできるストレッチを習慣にして、テニスの質を高めていきましょう。

井上正之

強いショットが打てる体にシフト!!
テニス体幹ストレッチ

2017年3月23日　初版第1刷発行

著　者　　井上正之
発行者　　滝口直樹
発行所　　株式会社マイナビ出版
　　　　　〒101-0003　東京都千代田区一ツ橋 2-6-3 一ツ橋ビル2F
　　　　　電　話　　0480-38-6872（注文専用ダイヤル）
　　　　　　　　　　03-3556-2731（販売部）
　　　　　　　　　　03-3556-2735（編集部）
　　　　　URL　　　http://book.mynavi.jp

印刷・製本　シナノ印刷株式会社

※価格はカバーに記載してあります。
※落丁本・乱丁本についてのお問い合わせは、TEL0480-38-6872（注文専用ダイヤル）か、
　電子メールsas@mynavi.jpまでお願いいたします。
※本書について質問等がございましたら、往復はがきまたは返信切手、返信用封筒を同封のうえ、
　（株）マイナビ出版編集第2部までお送りください。
※本書を無断で複写・複製（コピー）することは著作権法上の例外を除いて禁じられています。

ISBN978-4-8399-6143-5
©2017 Masayuki Inoue
©2017 Mynavi Publishing Corporation
Printed in Japan